多摩カレー！

いつでも食べたい至福の50皿

けやき出版

CONTENTS

本書のデータは、2008年6月現在のものです。
取材後の料金・営業時間などの変更もありえますので、ご了承下さい。

カレーを作る人々。

今回本書にご登場いただいた、カレー屋さんのご主人やスタッフの方々。皆さん並々ならぬ情熱をカレーに注ぎ、日々満足することなく研究を続けているのです。

お店の方のあたたかい接客もおいしいスパイスのひとつかも。どのお店のスタッフかは、足を運んでみてのお楽しみ。

はじめに

小学校の給食の献立で「今日はカレー」と知ったときの
無邪気なよろこび、大人になってもそのまんま。

「今日はカレー」と聞くだけで、
顔がほころんでくるでしょう？

カレーのルーツは、もちろんインド。
インドの伝統ある日常食が、ヨーロッパに伝わって、
カレー粉と小麦粉で作る欧風カレーが生まれ、
ぐるりとめぐって日本にやってきた。

三鷹でタイカレー、
八王子は具だくさんスープカレー、
町田でがんばってる昔ながらのカツカレー、
青梅にみつけた表面張力のカレーうどん。

あちらこちらの街に、いろんな顔のカレーがあります。

取材中、毎日毎日食べても飽きなかったカレー
食べるほどに元気になって、疲れ知らずの
まさに、不思議なスパイス効果を体感しつつ、
じっくり煮込んだ魅力を、あらためて実感しました。

やっぱり「今日はカレー」でしょ!?

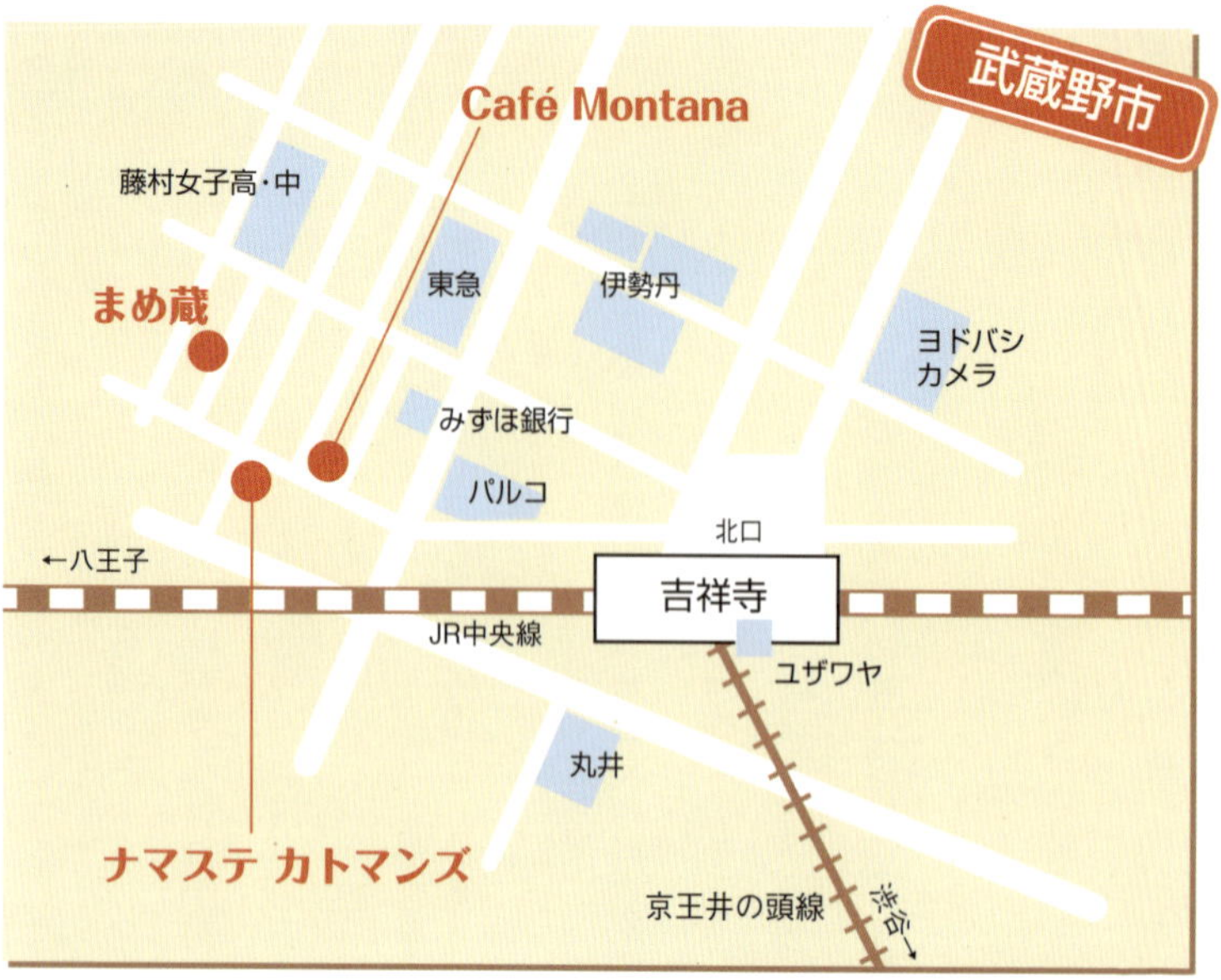
武蔵野市
Café Montana
藤村女子高・中
まめ蔵
東急
伊勢丹
ヨドバシ
カメラ
みずほ銀行
パルコ
北口
←八王子
吉祥寺
JR中央線
ユザワヤ
丸井
ナマステ カトマンズ
京王井の頭線
渋谷→

草の実
武蔵野芸能劇場
北口
←八王子
三鷹
JR中央線
吉祥寺→
南口
〒
三鷹駅南
三鷹駅前
東急ストア
コミュニティプラザ西
エレファントキッチン
三鷹
シティホテル
三鷹産業プラザ
INDRA
法専寺
三鷹産業プラザ東
丸正
三鷹市

武蔵野市

まめ蔵《ぞう》

「ビーフ」、「やさい」、「豆まめ」、「ゆで玉子」が入る「スペシャルカレー」1100円。食べ終わったからっぽのお皿もお楽しみ。オーナーの南さんが描いた絵が出てきます。

まめ蔵《ぞう》

武蔵野市吉祥寺本町

MAP p.8

- 0422-21-7901
- 住　武蔵野市吉祥寺本町2-18-15
- 交　JR中央線吉祥寺駅中央口徒歩6分
- 11：00～22：00（21：30LO）
  土日11：00～16：00
  17：30～22：00（21：30LO）
- 休　無休
- テーブル33席
- 禁煙
- テイクアウトあり

吉祥寺の人気店。時間が作る大らかなひと皿

おいしいカレーがある喫茶店として1978年に開店した。そのカレーがどんどん人気者になり、自然の流れでいつしかカレー屋さんに。地球がゆっくり回転しているような、のどかな空気が流れているお店。

基本のレシピは、オーナーの南椌椌《くうくう》さんによるもので、30年間ほぼ変わらない味を提供している。

ベースとなるルーは1種類。スタッフはこれを「種」と呼ぶ。玉ネギを5時間炒め、スパイスを入れて完成させてから、さらに煮込んで冷ます。これを幾度か繰り返し、3日目にやっと本当のできあがりとなる。この「種」から、各カレーへと味が広がる。

改装して自然光たっぷりの明るい空間に。4種類の豆入り「豆まめカレー」も仲間入りした。

Menu

豆まめカレー　900円
ビーフカレー　950円
ランチセット（11：00～17：00）
お好みのカレー＋珈琲or紅茶　＋100円
ディナーセット（17：00～21：00）
お好みのカレー、ジュースorワイン、ミニサラダ、ヨーグルト、珈琲or紅茶　＋550円

★辛さ　卓上にある「オリジナル辛口七味」「オリジナル香味七味」を振りかけて調節

武蔵野市吉祥寺本町

Cafe Montana《カフェモンタナ》

MAP p.8

- 0422-21-0208
- 住 武蔵野市吉祥寺本町2-10-2　本町田中ビル1F
- 交 JR中央線吉祥寺駅中央口徒歩３分
- 11：30～22：30
- 休 月曜休
- カウンター６席　テーブル4席
- ～15：00禁煙
- テイクアウトあり

Menu

グリーンカリー	930円
ビーフカリー	930円
チキンカリー	930円
野菜カリー	930円
ソフトドリンクとセットで	1050円
モンタナサラダ	950円
自家製ピクルス	420円
スパイシータンドリーチキン	520円
テイクアウトのカリー	730円

★辛さ　リクエストに応じて

中道通りにスパイシーな香りを漂わすカフェ

カレー専門店を開店したつもりではないが、少しずつカレーのオーダーが増えて、ついに「カレー屋みたいになってしまいました」と苦笑いする店主。カフェのカレーという敷居の低さ、さっと食べられる気軽さ、開放的な雰囲気がいい感じ。

店内の黒板に「人気No.1」と書かれている「ドライカリー」、こんもりごはんにドライカリー、目玉焼きが3層に重なっている。山崩しのように食べてもよし、一気に混ぜて食べてもよしだ。不定期（気まぐれ？）に、今月のカリーも登場。例えば「BLTカリー」。が、人気がないとすぐにやめちゃうのもモンタナらしさだ。デザートに、甘いけどさっぱり感のある「ココナッツアイス」420円、魅力的すぎる。

Cafe Montana《カフェモンタナ》

武蔵野市

チキンとビーフの2種類から選ぶ「ドライカリー」930円。カリーには大根の小さいサラダが付く。モルツの生ビール550円。

ネパール・インド・チベット料理

ナマステカトマンズ

「ダルバートセット」1500円。ネパールの定食とでも言いましょうか。豆カレー、野菜カレー、漬け物、ターメリックライス、サラダがセットになって、栄養バランスもgood。

ネパール・インド・チベット料理

ナマステカトマンズ

武蔵野市吉祥寺本町

MAP p.8

0422-21-7010

住 武蔵野市吉祥寺本町2-11-7　横瀬ビルB1F

交 JR中央線吉祥寺駅北口徒歩５分

11：00～23：00

休 無休

カウンター９席　テーブル23席

喫煙可

テイクアウトあり

香りのパンチと野菜たっぷりネパール料理

カウンターに座れば、ネパールの帽子ドピが似合うシェフ・メグさんの仕事ぶりがよく見える。ナンをタンドールに入れるようすも観察できて、思わず子どもみたいに見入ってしまう。

「健康に一番大切なのは、野菜でしょ」とカトマンズ出身のオーナー・ラムさん。なるほど、メニューを開くと野菜や豆がメインのカレーが多い。油の使用量が少なく、ショウガとニンニクをたっぷりと使うのもネパール料理の特長だ。香り立つカレーの秘密は、スパイスをシードやホールのまま仕入れていること。キッチンでカンカンッと叩きつぶし、パウダーにする手間を惜しまない。現地では仕上げにパクチーを添えるが、日本では苦手な人が多いので控えている。好きな人はリクエストＯＫ。

Menu

ランチセットA（カレー1種、ナンorライス、サラダ、飲みもの）	840円
ナマステカトマンズセット	1490円
ベジタブルクルチャセット	1450円
ミックスベジタブルカレー	980円
モモ（6コ）	600円
ネパールのビール	600円

★辛さ　リクエストに応じて

武蔵野市中町

草の実

MAP p.8

- ☎ **0422-36-2270**
- 住 武蔵野市中町1-24-16　杉山ビル
- 交 JR中央線三鷹駅北口徒歩３分
- 時 11：30～21：30
- 休 日・祝日休
- 席 カウンター５席　テーブル25席
- 喫煙可
- テイクアウトあり

Menu

ランチ（11：30～14：00）

ひよこ豆のカレー	700円
チキンカレー	750円
ドライカレー	850円

＋100円でミニサラダ、コーヒーorアイスクリームorヨーグルト

グランドメニュー（14：00以降）は＋50円

★辛さ　辛くしたい人はテーブルのカイエンペッパーで調節

からだが喜ぶ、豆カレー&玄米ごはんも人気

一番辛くてスパイシーなポーク、トマトが多めで赤黄色のビーフ、ココナッツパウダーでまろやかなチキン、それから、玄米ごはんでいただくさっぱり&辛いひよこ豆。この4種類が草の実のカレー。主役の持ち味を生かすスパイス配合はそれぞれ微妙に違うが、玉ネギを炒める以外は油を使用しないこと、バナナとヨーグルトが優しいコクの隠し味なのは同じ。

　おっと、忘れてはいけないもう1種類。豆腐入りのヘルシーな「ドライカレー」も自信作。タイ米とうるち米を合わせて炊いた、少しパサッとしたターメリックライスでいただくのだが、レーズンをあしらって彩りよく盛りつけたひと皿だ。ずっしり重い作家ものの器がまた、おいしさを引き立てている。

草の実

武蔵野市

トマトをたくさん使った「ビーフカレー」900円＋トッピング「野菜ミックス」300円。今日まだ食べていない野菜をトッピングすると栄養バランスがよくなる。

三鷹市

エレファントキッチン

青とうがらしを使うグリーンカレー、タイ語で「ゲーン・キャオ・ワン」1100円。ジャスミンライス付き。タイではライスにジャバジャバとかけて食べる。

エレファントキッチン

三鷹市下連雀

MAP p.8

0422-46-2278
三鷹市下連雀3-33-17　グラシアス108号
JR中央線三鷹駅南口徒歩３分
11：30～14：30、18：00～22：30
火曜休（祝日の場合は営業）
テーブル20席　テラス４席
テラスのみ喫煙可
テイクアウトあり

赤と緑だけじゃないタイカレーの魅力を

タイといえばレッドカレーとグリーンカレーを連想するが、バンコクの五つ星ホテル出身のシェフ・マイトリーさんは、さらっとした透明のスープカレーや、具沢山の炒め物のようなカレーなど、いろんなカレーを伝えてくれる。特にランチにはディナーにない珍しいメニューもお目見え。共通するのは火が通ったらできあがりの煮込まない点で、メニューに「ゲーン」または「カリー」がつくのがカレーだ。

基本のスパイスは、ショウガに似たカー、レモングラス、エビの塩辛、こぶみかんの皮、ニンニク、料理に応じて赤か青のとうがらし、紫ウコンなど。野菜もたくさん入って、「すべてからだにいいもの。太るなんて無縁」とスタッフ。タイから届くフレッシュなスパイスは、香りが最高。

Menu

ランチ（サラダ・ドリンク付き）
ゲーン・パー（森のカレー）　1155円
ゲーン・オム　1200円
ディナー
プーパッポンカリー　1625円
パネン・ヌア（ライス付き）　1310円
球磨焼酎ZOU（グラス）　840円

★辛さ　メニューにレベル表示あり
リクエストに応じて

三鷹市下連雀

INDRA《インドラ》 三鷹店

MAP p.8

- ☎ 0422-77-8966
- 住 三鷹市下連雀3-21-12
- 交 JR中央線三鷹駅南口徒歩３分
- 11：30～14：30、17：00～23：00
- 休 無休
- テーブル30席
- 喫煙可
- テイクアウトあり

Menu

チキンとほうれん草のカレー	850円
野菜カレー	750円
サモサ	550円
モモ	700円
ガーリックナン	450円
ネパールアイス	650円

★辛さ　リクエストに応じて

大きくてびっくりのナンで満腹間違いなし

ランチタイムには、ナンとライスのおかわりができるのだが、ナンは初めて訪ねた人が必ずびっくりする大きさで、1枚でもう十分。おかわりしたくてもできないのが悔しい。夜こねて、ひと晩寝かせた生地、それだけでもおいしい1品なのだ。

ディナータイムには24種類ものカレーが揃い、メニューは、ベジとノンベジに分けて書かれている。熱々のサモサやモモを頬張りながらビールを飲んでの居酒屋風の使い方も歓迎する。三鷹駅北口、武蔵小金井駅北口にも店があり、3店を切り盛りするボスはグルム・アムリトさん。

開店に際してネパールに戻りスタッフを募集。面接に来た100人から選ばれた若いコックが、楽しそうに故郷自慢のカレーを作っている。

INDRA《インドラ》 三鷹店

「ランチBセット」900円。カレー2種は、スパイシーな「バターチキン」とトマトベースで甘口の「マトンカレー」。ナン、サフランライスはおかわりもOK。サラダ、ラッシー付き。

Columns 1 スパイスのはなし

スパイスなしでは成り立たない、カレー作り。どのスパイスをどんな割合で使うかが、重要なポイントです。スパイスはすべて植物で、種、果実、花、蕾、葉、茎、樹皮、根など、あらゆるものを使っています。作用は、大きく分けると、「香りづけ」「辛みづけ」「色づけ」「素材の臭み消し」の4つ。写真のスパイスは、ほとんどがパウダー状ですが、どれも色がきれいで、見ているだけで香りが漂ってきそうです。

スパイスを上手く使いこなすには、それぞれの味と使い方、効能をよく知って、慣れ親しむことが大切。未知の味にどんどんチャレンジして、いろいろ使ってみて、自分で食べてみる。たくさん失敗することが、スパイスクッキング上達への近道です。お店では、だいたい10～20種類ものスパイスを独自にブレンドしてオリジナルのカレーを作っていますが、数種類でも十分楽しめます。ニンニクやショウガ、バジルやオレガノなどのハーブも、スパイスとして活躍します。

スーパーマーケットのスパイス売り場をのぞいてみましょう。
カレーに使う代表的なスパイス、たくさん並んでいます。

カルダモン　CARDAMON
強い香りとほろ苦の、欠かせないスパイスのひとつ
ニックネームは「香りの王様」
体力増進＆口臭予防＆消化促進など

クミン　CUMIN
カレーの味と香りの中心となるスパイス
紀元前にすでにエジプトの医術書に登場
食欲増進＆消化促進＆胃痛緩和

クローヴ　CLOVE
バニラに似た甘い香りで、ターメリックよりも少し辛い
消炎＆殺菌＆からだを温めるなど
漢方で言う「丁字」

コリアンダー　CORIANDER
タイ語でおなじみのパクチー。生葉は香りが強く苦手な人も多い
乾燥させた種は、爽やかで甘い香りと味
食欲増進＆整腸作用＆二日酔い予防など

ターメリック　TURMERIC
カレーの黄色はターメリックの色。辛そうですが辛くないスパイス
ご飯を炊くときに混ぜると、ターメリックライスのできあがり！
和名はウコン　抗酸化作用＆肝機能障害予防など

ナツメグ　NUTMEG
肉の臭い消しには欠かせないスパイス
シナモンに似た甘い香りが特徴ですが、意外に辛さも
からだを温める＆整腸作用など

香りづけ→クミン、カルダモン、シナモンなど
辛みづけ→レッドペッパー、ブラックペッパーなど
色づけ→ターメリック、パプリカなど
素材の臭み消し→にんにく、ショウガ、クローブ、ナツメグなど

小金井市
サンクス
みずほ銀行
SISA
三菱東京
UFJ銀行
長崎屋
西友
北口
←八王子
武蔵小金井
JR中央線
東小金井
吉祥寺→
マクドナルド
セブンイレブン
〒
小金井街道
小金井署
前原坂上
セブンイレブン
プーさん
サイのツノ
城北信金

本町2北
ラヂオキッチン
早稲田実業
高・中・初等部
本町2
セブンイレブン
本 三成堂
西武
多摩湖線
本町1
無印良品
西武国分寺線
吉祥寺→
国分寺
←八王子
JR中央線
丸井
ほんやら洞
南町2
殿ヶ谷戸庭園
ミニストップ
すぷ〜ん
南町3
国分寺市

小金井市前原町

プーさん

MAP p.22

- ☎ **042-384-7055**
- 住 小金井市前原町3-40-27
- 交 JR中央線武蔵小金井駅南口徒歩７分
- 17：30～21：00
  土日祝11：00～15：00、17：30～21：00
- 休 火曜休
- カウンター 10席　テーブル12席
- 禁煙
- テイクアウトあり（容器持参、ライスなし）

Menu

野菜カレー
レギュラーサイズ　1250円
プチ 1150円　大盛り 1400円

チキンカレー
レギュラーサイズ　1150円
プチ 1050円　大盛り 1300円

ポークカレー
レギュラーサイズ　1250円
プチ 1150円　大盛り 1400円

★辛さは5段階　極甘、甘、普通、辛、極辛

スパイスと野菜がからだを元気にしてくれる

野菜をガッツリ食べたいときにカレーとは意外だが、プーさんのカレーなら野菜不足解消間違いなし。

まるでアートのようにトッピングされた素揚げ野菜の種類を数えたら、なんと30種類も。春は菜の花、夏はゴーヤなど、季節の食材が味わえる。

カレー専門店がまだ珍しかった１９８０年に、インド製品の輸入の仕事をしていたお父さんがはじめた。よりおいしさを求め、少しずつ味が変化し、からだに優しいカレーに到達。油は素揚げの際に使うのみで、塩分も控えめだ。野菜と果物の旨みが凝縮したルーは、奥行きのある甘さがある。「鼻水が出たらカーンとかんでから食べるとさらにおいしいですよ」とは店主・本木郁穂さんのアドバイス。食後のスッキリ感が魅力。

プーさん

小金井市

色鮮やかな野菜たっぷりの「野菜チキンカレー／レギュラーサイズ」1500円。辛さは普通でも辛い。どのカレーも食後に自家製アイスクリームまたはコーヒーが付く。今日のアイスクリームは「いちご」。夏は「ローズヒップりんご」や「カルーアバナナ」も。

小金井市

カレー屋 café
SISA シーサー

「チーズカレー」892円。季節の野菜がゴロゴロたっぷり。ドリンクは、コーヒー、紅茶、チャイ、ショコラ、ラッシーなどから選べる。

カレー屋café SISA《シーサー》

小金井市本町

MAP p.22

- 042-384-3377
- 小金井市本町5-19-3　大沢ビル2F
- JR中央線武蔵小金井駅北口徒歩２分
- 11：30～21：00（20：30 LO）
- 水、第３火曜休
- カウンター４席　テーブル22席
- 禁煙
- テイクアウトあり

親しみやすい欧風カレーと世界のビールを

誰からも親しまれる欧風カレーが主役。ほどよくスパイシーで、辛さや甘さを極端に強く感じることのない、食べてほっとするポピュラーなカレー。欧風カレー以外にも、辛口の「スパイシーカレー」、青トウガラシを使う「タイ風カレー」、挽肉たっぷりでマイルドな「インドネシアカレー」もあり、スパイスの奥深い魅力も伝えている。

昔、国分寺にあった、カレーのおいしい店「グルマン」の常連客だったという店主・高橋達大《たつお》さん。実は陶器が大好きで、カレー屋をはじめたのも、カレーという料理が陶器を引き立てるからだそう。そして、カレーを引き立ててくれるのは「今日の地ビール」。小さな醸造所の、カレーに合うビール？　が入荷。

Menu

スパイシーカレー	997円
タイ風カレー	997円
インドネシアカレー	1092円
（カレーはヨーグルト、ドリンク付き）	
大盛り＋100円	
チーズトッピング＋100円	
ハートランド瓶ビール	550円

小金井市東町

カレーショップ **サイのツノ**

MAP p.22

- 042-387-7488
- 住　小金井市東町4-37-19
- 交　JR中央線東小金井駅南口徒歩３分
- 11：30～14：00、17：00～22：00
  土祝11：30～22：00
- 休　日曜休
- カウンター８席　テーブル12席
- 禁煙
- テイクアウト可・通販可

やっぱりカレーはリーズナブルな日常食！

カレーは4種類。欧風、タイ風、インド風、そしてスープカレー。カテゴリーの違うカレーを楽しめるという、1軒で4度おいしい店だ。仕込みに費やす時間は、それはそれは長時間で、店主・岡本史郎さんは「仕込みの合間に店を開けているという感じです」と表現して苦笑い。

　目指す味のテーマは、中庸。カレーの中庸な味とは、「さっぱりしていて毎日食べても飽きない味」と岡本さん。油っぽくなくコクを出すことを大切にしている。実際、毎日通う人がいて、岡本さん自身ももちろん毎日食べている。バーテンダーの経験を生かした裏メニューとして、カクテル「XYG」がある。

　ガラスの瓶に入った「和風ピクルス」は、近くのスーパーで好評発売中。

Menu

欧風まろやかカレー（甘）	580円
ひき肉とほうれん草の グリーンカレー（中辛）	640円
インド風レッドカレー（辛）	620円
薬膳スープカレー（大辛）	700円
ヱビスビール中瓶	480円

＊辛さ　基本から４段階でアップ

小金井市

カレーショップ
サイのツノ

「カレートライアングル」820円。欧風まろやかカレー、インド風レッドカレー、
挽肉とほうれん草のグリーンカレーの３つの味が楽しめる。

国分寺市

ラヂオキッチン

さらっとして、スパイスが香り立つ「マレーシアチキンカレー」900円。

ラヂオキッチン

国分寺市本町

MAP p.22

- 042-325-9907
- 国分寺市本町2-17-2
- JR中央線国分寺駅北口徒歩５分
- 18：00～0：00
- 月曜休
- カウンター６席　テーブル14席
- テイクアウトあり

食堂のようなカフェで味わう旅カレー

「定番ラヂキチ」は、炒めた玉ネギとどっさり野菜を使って、豚と鶏で取ったスープで煮込む。秘密!? じゃないけど隠し味は自家製ウスターソースで、具に肉は入らず、塩漬け豚やラタトゥイユのトッピングを楽しむスタイルだ。

夏限定の番外編、さわやかなスパイスの風味とコクが広がる「マレーシアチキンカレー」は、旅先で出合ったカレーをアレンジ。エビの発酵調味料のベラカン、レモングラスなどを使用し、おいしさの記憶をたどって仕上げた。温もりがある煮込み料理が得意な店主・堀田きよみさん。長野県から届く、お母さんが育てた野菜を使うエピソードも温かい。マレーシアのカレーには奄美のラム酒、チーズ焼きカレーにはワイン。カレーとお酒を楽しもう。

Menu

定番ラヂキチ	750円
塩漬け豚のカレー	850円
ラタトゥイユのカレー	880円
チーズ焼き卵のカレー	
カレーにおまかせサラダ付き	＋400円
タコのアジアンサラダ	550円
ハートランド生ビール	550円
奄美のラム酒（40度、トリプル）	550円

★辛さ　激辛もある

国分寺市南町

欧風カレー すぷ〜ん

MAP p.22

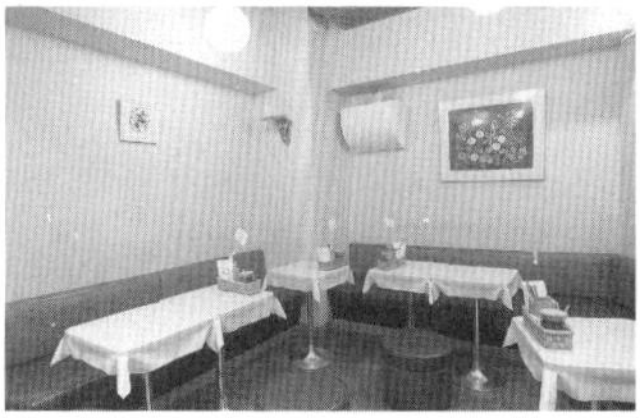

- 042-301-5405
- 国分寺市南町3-4-11 ハイネス国分寺ルミエール105
- JR中央線国分寺駅南口徒歩5分
- 11：30〜14：30、18：00〜23：00
- 不定休、日曜夜休
- テーブル18席
- 禁煙
- テイクアウトあり

毎週替わる創作料理のトッピングが楽しみ

毎週月曜日に発表になる、「週替わりサービス」。これを目当てに週1度来店するリピーターが7割も。夏なら「サラダ仕立ての豚しゃぶカレー」や「夏の行楽祭りカレー」など、読むだけでは想像できない創作カレーが登場する。トッピングが週替わりというわけなのだが、盛りつけもあっと驚く創作料理だ。しかも、同じメニューになることがほとんどないとなれば、作り続ける店主・中井信之さんに応えるべく、食べ続けようではないかっと燃えてしまう。

ベースとなるソースは、有名ホテルで仏料理のシェフを務めた義父のレシピ。玉ネギなど野菜をたくさん入れ、小麦粉を使わないとろみ加減が絶妙な、中辛より少し辛めのソースが特徴。

Menu

週替わりサービス 720円前後

Aセット（ミニサラダ＋アイスクリーム） ＋280円

Bセット（ジョッキビール＋ミニサラダ＋おつまみコロッケ） ＋550円

ステーキカレー 840円

チーズカレー 540円

国分寺市

欧風カレー すぷ〜ん

「週替わりサービス」より、「とろける豚トロ洋風煮込みカレー　粒マスタードソースで」720円。ミニサラダとデザートのセットは＋280円。じっくり煮込んで脂分を落とした豚トロは、口の中でとろける。

国分寺市

ほんやら洞

「スパイシーチキンカレー」850円。ごはんの上のかわいいレーズンは3種類。鶏肉はスプーンですっと切れる。別添えの酸っぱ辛い「自家製玉ねぎピクルス」、なくてはならない存在。

ほんやら洞

国分寺市南町

MAP p.22

- 042-323-4400
- 国分寺市南町2-18-3
- JR中央線国分寺駅南口徒歩2分
- 12：00〜1：00
- 無休
- カウンター10席　テーブル16席
- 喫煙可

レーズンのかわいさと、逃げ場のない辛さと

深めの大きな皿にこんもり盛られたライスは、カレーの海に浮かぶ島のよう。ジャバッ、ザボッとかけながら島を崩すように食べる。スープに近いさらりとしたカレーは、すっきりとした味で、5口目には着ているのものを1枚脱ぎたくなるくらいホット。「私が辛いのが好きで、つい辛くなってしまって。口が腫れるほど辛くなったことも(笑)」と店主・中山ラビさん。

以前は欧風カレーだったが、3年前にお父さんがインド人というお客さんからレシピをもらって、今のカレーをはじめた。

鶏肉を少量の油で揚げて、その油でスパイスを炒める、トマトをたくさん使う、は、ポイントの1部。のどかな昼も、酒を呑み語りふける夜も、カレーはいつ何時も食べ頃。

Menu

スパイシーチキンカレー	850円
〃　with ラッシー	1100円
（ランチは with ラッシー	850円）
珈琲五番町	450円
スペシャルちゃい	600円
生ビール（ヱビス）	600円

★辛さ　多少リクエスト可能

Columns 2 カレーのはなし

「カレー」とひと口に言っても、「カレー」と呼んでしまうのをためらうくらい多種多様なメニューがあります。

本書に登場するカレーだけでも、

インド・ネパール料理のカレー
タイ料理のカレー
マレーシア料理のカレー
札幌がルーツのスープカレー
欧風のオリジナルカレー
○○風と決められないオリジナルカレー
うどん屋のカレー
ラーメン屋のカレー

などに分類することができます。

みんな大好きな、日常食の「カレー」ですが、それぞれに歴史が語られ、うんちくも多い、奥深い食べものなのです。

そして、忘れてはいけない「家カレー」。実は、一番好きなのは、自分で作るカレーや、「おふくろの味」だったりするんです。

インド料理店でメニューを読むための簡単辞書

アチャール【achar】	辛いピクルス
ターリー【tari】	北インドの定食 ステンレスのお皿にのせた料理、またはその皿
ダヒ【dahi】	ヨーグルト
ダル【dal】	豆全般
パパド【papad】	豆の粉で作った薄いおせんべいのようなスナック
パニール【paneer】	チーズ（本来はカッテージチーズ）
パラク【palak】	ほうれん草
マトン【mutton】	羊の肉
ミールス【meals】	南インドの定食 バナナの葉の上に料理をのせたもの

国立市
←八王子
JR中央線
国立
南口
国立駅南口
ブックオフ
西友
ミトラ
FLOWERS
さむくら
富士見通り
旭通り
大学通り
一橋大学
一橋大学

西立川
昭和記念公園
←青梅
↑玉川上水
マユール
FROM
中武
ビックカメラ
JR青梅線
ぱのらま
富士見町1
富士見4
たましん
セブンイレブン
立川北
伊勢丹
立川
吉祥寺→
立川ワシントンホテル
クワトロ
立川グランド
ホテル
いなげや
立川南
アレアレア2
JR中央線
多摩モノレール
多摩センター↓
八王子↓
柴崎体育館
立川市

国立市

和風ネパール料理
ミトラ

ベーシックな「クララ（鶏肉カレー）」1100円と、おだやかな味で子どもでも食べやすい「プラウンカレー（沖海老入りクリーミー）」1200円。

和風ネパール料理 ミトラ

国立市東

MAP p.36

042-577-1031
国立市東1-7-11　森田ビル2F
JR中央線国立駅南口徒歩1分
11：00～15：00、17：00～22：30
無休
テーブル40席
喫煙可
テイクアウトあり

おいしさを知るとカトマンズを訪ねたくなる

3種のカレーを満喫できる1000円ランチを選ぶ。運ばれてきたときはこんなに食べられないと思ったが、食べ進むうちに食欲がわいて、ナンをおかわりしたほど。満腹でも胃が心地よく、これぞスパイスの薬効！　しかも即効！

ネパールの5つ星ホテルにいた店主・サンタラズパネルさんが、からだと心が元気になる食文化を伝えたいと開店した。元気の素は32種類のスパイス＋12種類のハーブ＋季節の野菜だ。特に大切なのは「スパイスの王様の胡椒、女王のカルダモン、酸っぱい王様のレモン、野菜の王様のかぼちゃ」。基本は辛くなく、野菜や豆や肉など素材の甘さをちゃんと感じる。

小金井市に2号店オープン。

Menu

フィッシュカレー　1200円
ランチセット（カレー1品、ナンorライス、サラダ、チャイorラッシー）　840円
ディナーのおすすめカレーとタンドリーチキンのセット　1980円
ミトラオリジナルカクテル　400円

★辛さは甘口、中辛、辛口、激辛の4段階

国立市中 カリーサロン さむくら

MAP p.36

- 042-576-0041
- 国立市中1-9-27　すずやビル3F
- JR中央線国立駅南口徒歩２分
- 11：00～14：30、17：30～21：30
- 木曜休
- カウンター７席
- 禁煙

Menu

ランチタイム特選セットメニュー 2300円
（食前酒、グリーンサラダ、さむくらビーフカレー、デザート、ブレンドコーヒー）
＊４名様より。３日前までにご予約を
さむくらブレンドコーヒーセット 1400円
オードブル／エスカルゴ他（ディナータイムのみ） 700円
ハイネケンプレミアム 500円
シメイ・ホワイト 900円

VIPな7席と音響も魅力の贅沢な空間

シンプルな白いプレートに浮かぶ、しっとり上品な表情のカレー。ひと目見るだけで長い時間をかけてここにたどり着いたことがわかる。「自分に合うおいしいものは自分で作るしかない」と30年以上もカレーと向き合っている店主・浦精一さんの自信作だ。

口に運ぶそのゴールまでゆっくり満喫したいと思わずにはいられない。香りも口当たりも滑らかで、素材のすべてが輪のように一体となり、透明感のある味を出している。ブイヨン作りに丸1日、ルーにまた1日、微調整して2度寝かせる。丸3日かかるゆえ、1日30食のみ。ビーフカレーにこだわり、手間ひまかけた手作りだ。ご主人のカレーへの想いの深さが伺える。

カリーサロン さむくら

白いプレートが小宇宙のような「さむくらビーフカレー」1200円。
濃厚でまろやかなヨーグルトドリンク（70ml）が付く。

Bar & Cafe
FLOWERS フラワーズ

「自家製チキンカレー」（単品）950円は、＋ソフトドリンクで200円引きになる。

Bar & Cafe FLOWERS《フラワーズ》

国立市中

MAP p.36

042-575-4295
住 国立市中1-10-8　ノア国立ビル２Ｆ
交 JR中央線国立駅南口徒歩５分
月～木19：30～3：00
金土18：00～3：00
日18：00～2：00
休 不定休
カウンター６席　テーブル16席
喫煙可

いつまでも変わらない、伝統の味

『カフェ・ガラス玉遊戯』時代から、変わらず愛されてきた「自家製チキンカレー」。開店当初からのファンやリピーターも多い。小麦粉はいっさい使わず、18種類のスパイスとチキン、野菜をじっくりと1週間煮込み続ける。ほどよい辛さの中に複雑な味わいが凝縮されたこだわりのカレーは、「毎週食べたくなる」と評判。

　夜からの『Bar & Cafe FLOWERS』に店名が変わり、さらに200種類以上のカクテル、それぞれの専用グラスで楽しむベルギービールや、1杯ずつドリップされたイタリアンコーヒーなどのソフトドリンク、スイーツなど豊富なメニューが揃う。落ち着いた店内で、深夜まで至福のカレータイムが楽しめる。

Menu

自家製ピッツァ８種	950円～
生ハムのマリネ	840円
自家製ピクルス	740円
ミートソースとトマトのライスグラタン	1050円
トマトのブルスケッタ	740円

立川市柴崎町

チーズフォンデュとステーキ

クワトロ

MAP p.36

- ☎ **042-528-2983**
- 住 立川市柴崎町2-3-3　久保田ビル1Ｆ
- 交 JR中央線立川駅南口徒歩３分
- 時 11：30～15：30（14：30 LO）
  17：00～23：00（22：30 LO）
- 休 月曜休
- 席 テーブル45席
- 煙 禁煙席は要望があれば設定可能

フルーツの甘さが引き立てる欧風カレー

立川駅南口から大通りを入った路地裏にある、落ち着いた欧風料理のお店。チーズフォンデュで知られるが、ランチの欧風シーフードカレーも人気を集めている。

じっくり炒めた野菜に小麦粉をからめ、3日ほど煮込んだフォン・ド・ボー（子牛の骨などのブイヨン）や香草などを加え、供する直前にホタテ、エビ、ムール貝などの魚介類を炒めて入れる。仕上げに生クリームとパセリがのっていて見た目も欧風。隠し味の黒砂糖やマンゴーからくる自然の甘さが、軽やかな味わいを引き出している。

バターで炒めたライスにレーズンと揚げたオニオンが散らしてあるのも香ばしい。ディナーメニューにはないので、夜に食べたくなったら予約をして出かけよう。

Menu

ランチ

チーズフォンデュセット	1575円
特撰ハンバーグステーキ（スープ付き）	1365円
本日の魚料理（スープ付き）	1365円

★辛さ　要望に応じて

チーズフォンデュとステーキ

クワトロ

立川市

「欧風シーフードカレー」は、季節のサラダ、シャーベットまたはアイス、コーヒー付きで1260円。ライスには、お好みでレーズンやアーモンドが。

立川市

カレーうどんと喫茶の店

ぱのらま

「ぱのらまアジアンMILDカレー＆チャパティ」のランチセット900円。ドライカレーがトッピング。インドの家庭の平たいパン「チャパティ」は全粒粉使用。ミニサラダ、ドリンク、タピオカココナッツミルク付き。

カレーうどんと喫茶の店 ぱのらま

立川市富士見町

MAP p.36

- 042-528-3258
- 住　立川市富士見町1-8-4
- 交　JR青梅線西立川駅徒歩７分
- 11：00～17：00
- 休　水・日・祝日休
- カウンター１席　テーブル11席
- 喫煙可

Menu

特製カレーうどん	650円
スープカレー＆ライス（大盛り無料）	650円
トッピング	
とろーり目玉焼き	100円
チーズ	100円
自家製ミニシナモンロール	70円

★辛さ　中辛、大辛にアップできる

ラーメン屋のスープが進化したカフェカレー

斜め前、まさにスープの冷めない距離にあるラーメン店「太陽堂」店主の妻・須崎亜季さんと、亜季さんのお母さん・白鳥律子さんが営む。トンカチした手造り感あふれる店内は、1950年代～の雑貨がちりばめられ、深緑の壁が印象的。

うどん好きの亜季さん。まかないで作ったラーメンの魚介系スープを使うカレーうどんが好評で、こんなにおいしいものはみんなと分かち合わなくちゃと開店した。メニューは、主食をうどん・チャパティ・ライスから選び、さらにカレーに牛乳が入った「純正カレー」と、ココナッツミルクの甘みとさわやかな風味の「アジアンMILDカレー」の2種から選ぶ。スープが残ったらライスを追加して、1滴残らずきれいにどうぞ。

立川市曙町

インド料理 マユール

MAP p.36

- 電話：**042-523-0410**
- 住所：立川市曙町2-14-11　ダイヤビル１Ｆ
- 交通：JR中央線立川駅北口徒歩２分
- 時間：11：00～23：00（22：00 LO）
  ランチ～14：30
- 休み：無休
- 席：テーブル80席
- 駐車場：駐車場なし（特約駐車場あり）
- テイクアウト：テイクアウトあり

北インド仕込みのカレーと炭焼きナン

石畳が敷きつめられた異国風外観の、おしゃれな本格インド料理専門店。シェフはすべてインド人で、ニューデリーの５つ星レストラン出身者が多い。

炒めた玉ネギにたっぷりのトマト、スパイスがベースとなった北インド風のカレーは、さらりとしていながらコクのある味わいが特徴だ。チキン、ポーク、インドの豆を入れたカレー、ほうれん草カレーなど20種類ものメニューがあり、味わいも多様。「本場そのままの味なので、辛さが苦手な方はおっしゃっていただければ」と店長の田中伸幸さん。

ナンは、タンドリーと呼ばれる炭焼き釜で焼き、湯気の立つ熱々が出される。ふんわりとして香ばしく、これだけでも食べたくなる。

Menu

ランチ　1000円～
（ドリンク、サラダ、カレー、ナンorライス、デザート）

グルメディナーセット　3000円
（サラダ、スープ、タンドール盛り合わせ、カレー、サフランライス、スモール・ナン、デザート）

チキンサグワラ　1300円

インド料理
マユール

サービスランチの「チキンカレーセット」1000円。ラッシーやマサラティーなどのドリンクは、疲れた胃を回復させる効果がある。

Columns 3 ナンレシピ

みんな大好き、
焼きたて熱々、いとしのナン！

「ナン」は、タンドールと呼ばれる土窯に入れて、高温＆短時間で焼き上げる主食で、パンの一種です。

小麦粉と塩と水が基本の材料ですが、お店によっては、砂糖・卵・サラダ油・ベーキングパウダーなどを加える場合もあります。インド・ネパール料理店には必ずメニューにあるので、カレーを味わうだけでなく、ナンの味や食感、大きさや形の違いもぜひ楽しみましょう。

さて食べ方は、手で口に入る大きさにちぎりながら、カレーをつけたりのせたりしてどうぞ。最後に器をきれいに拭くように食べている人もいます。インドの一般的な家庭では、大きな窯のタンドールを持っていないので、フライパンで焼く「チャパティ」が主食となっています。タンドールは本来炭火ですが、ガスを使っているお店もあります。窯のまわりがガラス張りになっていて、作る様子を眺められるお店もあります。子どものように、ずーっと眺めてもいいんですよ。

アジ庵ガンジー（P113～114）にて。

① 材料を合わせてこねて、丸くまとめて寝かせた生地を、すばやく広げます。

② 持ち上げて空中でパンパンと叩きながら大きくのばし、形を整えます。

③ 炭火、もしくはガス火で焼きます。フタを開けるだけで熱風が。窯の壁に貼りつけます。

④ プワーっとふくれると窯から引き上げ、はいできあがり。仕上げにギー（精製バター）など油を塗ります。冷めてもなかなかしぼまないのが、不思議。

ほうれん草のペーストを生地に混ぜ込んだ「ほうれん草ナン」、ナチュラルチーズを混ぜ込んだ「チーズナン」、レーズンやココナッツ入りの甘い「スイーツナン」など、バリエーションも豊富で、ナンだけ食べてもおいしい。

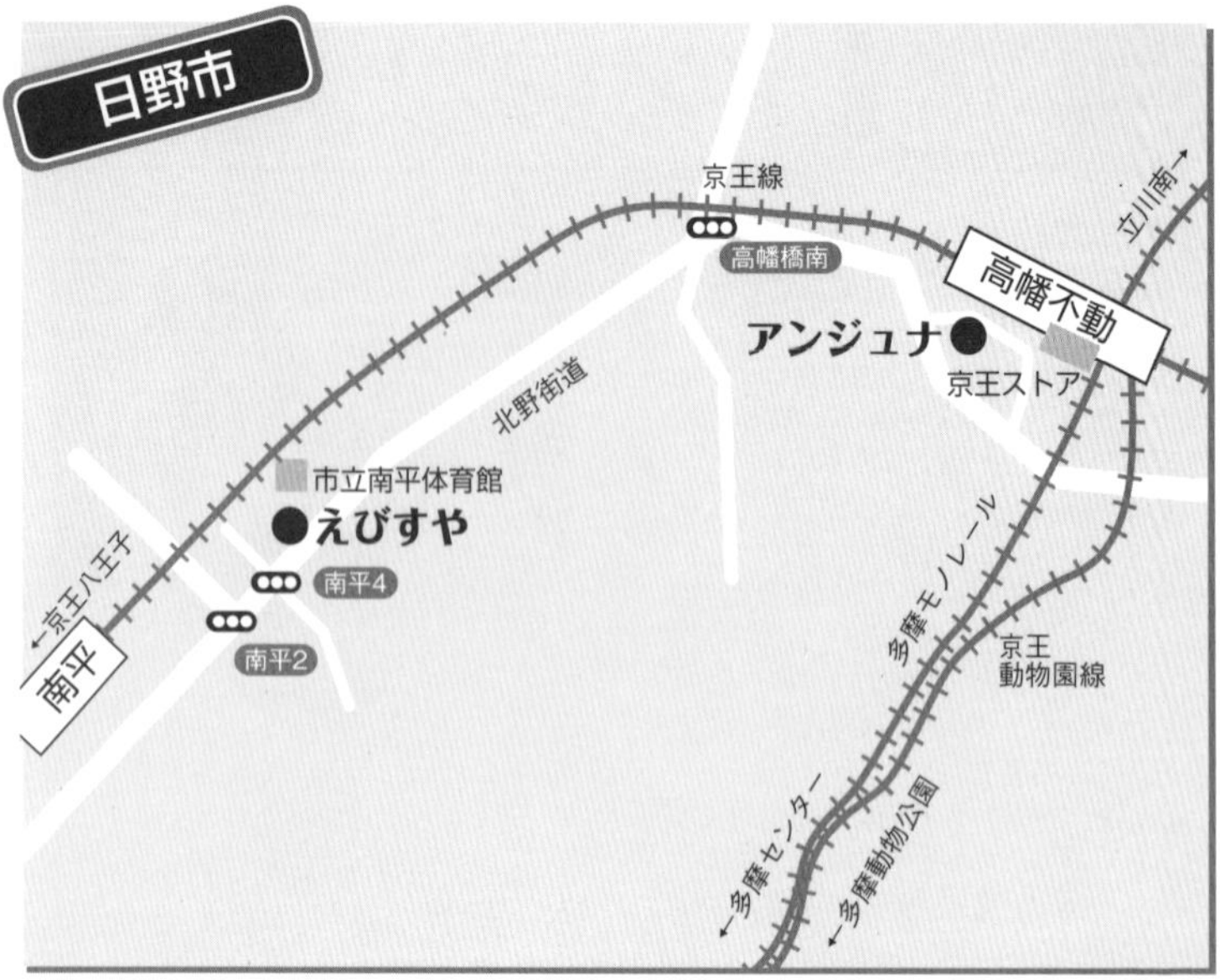
日野市
京王線
高幡橋南
高幡不動
立川南→
アンジュナ
京王ストア
北野街道
市立南平体育館
えびすや
南平4
南平2
←京王八王子
南平
多摩モノレール
京王
動物園線
←多摩センター
←多摩動物公園

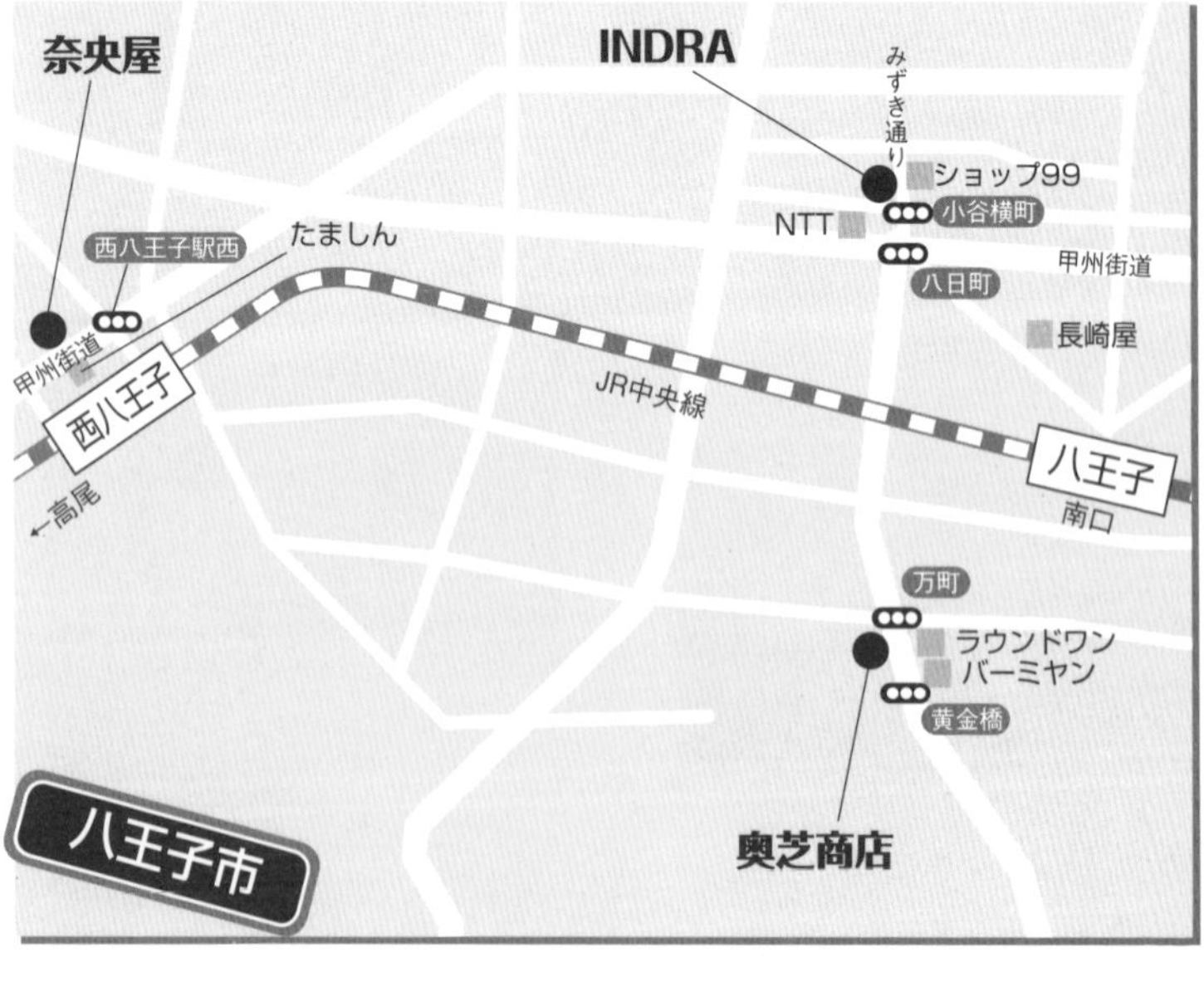
奈央屋
INDRA
みずき通り
ショップ99
小谷横町
NTT
八日町
甲州街道
長崎屋
西八王子駅西
たましん
甲州街道
西八王子
JR中央線
八王子
南口
←高尾
万町
ラウンドワン
バーミヤン
黄金橋
奥芝商店
八王子市

日野市高幡

インド食堂 アンジュナ

MAP p.50

- 042-593-3590
- 住 日野市高幡3-7　ユニバーサルビル1F
- 交 京王線高幡不動駅徒歩２分
- 11：00～14：30、17：00～21：00
- 休 無休（夏期、冬期休業あり）
- テーブル20席
- 喫煙可
- テイクアウトあり

Menu

ディナーセットA	1575円
アル・ジャルマン	1260円
ポークビンダルー	945円
タンドールシュリンプ	720円
チキンピクルス	525円
インドワイン（ボトル）	2200円～

★辛さ　リクエストに応じて

インド半島ぐるっと満喫メニューで乾杯

九段下にあった有名店「アジャンタ」で修業し、インド全域へ食べる旅をした店主・藤井正樹さんが、各地方の魅力ある料理を伝えている。ランチは8種、ディナーは26種類もあり、まずはメニューを読んで、いろんな料理があることを知って、迷うのも楽しみ。インド料理店としては珍しい豚肉を使った煮込み「ポークビンダルー」がある。これは南部のゴア地区の料理で、酸っぱ辛い味が魅力。タンドール料理は、備長炭を使用して、北インドで専門のコックから学んだテクニックで焼き上げる。

ナンは灼熱の400度の窯に入れると約1分でプワーッ。ぜひ引き上げる瞬間を眺めて。辛くない料理もあるので、赤ちゃんもウエルカムの、家族みんなで楽しめる優しい食堂だ。

日野市

インド食堂
アンジュナ

「ランチセット」1150円。チキンカレー・キーマカレー・ハーフライス・ハーフナン・チキンティッカ・シークカバブ・サラダ付き。カレーは8種から2つ選ぶ。

日野市

えびすや

インドカリーとキーマカリーの2種類とラーメンがセットになった「中華そばカリーセット」1000円。

えびすや

日野市南平

MAP p.50

- 042-594-4333
- 日野市南平4-41-3
- 京王線南平駅南口徒歩10分
- 11：30～14：00、17：00～20：00
- 木曜休
- カウンター7席
- 禁煙
- テイクアウトあり

2大国民食が一度に堪能できる!

「セットね!」と、店の扉を開けると常連客が注文を伝える。本格インドカレーのカレー店であり、和風醤油味のラーメン店でもあるこのお店では、カレーとラーメンのセットを頼む人がほとんど。どちらも全力投球、と決して枠にははまらない。

度々インドを訪れ、現地のシェフの下で修業をしたご主人が作るカレーは、普通のカレー専門店よりも刺激的な辛さ。ほんの少し口に入れただけでビリッとくる衝撃的な、でも止まらなくなる味わい。カレーは、骨付き鶏肉がごろんと入った「インドカリー」と挽肉がたっぷりの「キーマカリー」の2種類。

500円のラーメンは、さっぱりとした醤油味で、刻み玉ネギがのる八王子系。2つの顔を持つ、欲張りなお店だ。

Menu

インドカリー	800円
大盛り	950円
キーマカリー	800円
大盛り	950円
中華そば	500円
大盛り	600円
特盛り	700円

八王子市万町

スープカリー専門店 奥芝商店

MAP p.50

- 042-627-0134
- 住 八王子市万町171-11
- 交 JR中央線八王子駅南口徒歩10分
- 11：00～15：00
  17:30～23:00（22:00 LO、スープ切れ終了）
- 休 月曜休
- カウンター４席　テーブル６席
- 禁煙
- テイクアウトあり（平日のみ）、容器代50円

Menu

毎月かわるスペシャル限定カリー	1200円～
プリプリ海老	1080円
生鮮野菜	950円
十勝餃子	980円
自家製ラッシー	400円

★辛さ　12段階
辛くない0番や、13番以降も可能

組み合わせ自在。スローに楽しむ北海道の味

素材がゴロゴロしていて盛りつけがきれい、が札幌発スープカレー。札幌本店、旭川亭で人気沸騰の「奥芝商店」が八王子に進出した。数種のエビを合わせ、丹念にエビの旨みを抽出した濃厚な「海老スープ」が魅力。本店同様、一期一会を大切にした、想いあふれる空間で迎えてくれる。

注文は①スープ②メイン③トッピング④辛さ⑤ライスの量を、それぞれ選ぶのが奥芝スタイル。味は十人十色だ。どのスープにどのメインを合わせてもOKだが、「海老スープは辛さひかえめでどうぞ」と札幌出身の店長・田代祐也さんがアドバイス。

「食べるほどにハマってしまった」という地元八王子の料理長・常田諭史さんのようなファンが続出中。

八王子市

スープカリー専門店
奥芝商店

チキンスープの「厚切りベーコンとキャベツ（トッピング／ブロッコリー)」1150円。奥は一番人気、海老スープの「やわらかチキン（トッピング／舞茸)」980円。ともに辛さは5番目の「皐月」で、タイの唐辛子ピッキーヌ1本入り。

NEPAL CURRY
奈央屋 なおや

「チキンカレー」500円。ゴロンと入ったほくほくのジャガイモと、スプーンでほろっと崩れる骨付きチキンはルーによく染みこんで、スパイシーな香りが広がる。シナモンがかかった「チャイ」は300円。

NEPAL CURRY 奈央屋《なおや》

八王子市千人町

MAP p.50

- ☎ **042-668-9958**
- 住 八王子市千人町3-3-3
- 交 JR中央線西八王子駅北口徒歩３分
- 時 11：00～14：30
  18：00～22：00（21：30 LO）
  土日祝11：00～21：00（20：30 LO）
- 休 月、第１火曜休
- 席 カウンター８席　テーブル４席
- テイクアウトあり

ワンコインで大満足のネパールカレー

西八王子駅から歩いてすぐ、甲州街道沿いの赤い看板が目印。こぢんまりとしたスペースの中に、タイプライター、黒電話、手書きのメニューなど隅々にこだわりが光るお店。

チキン、キーマ、グリーンカレーなどのカレーメニューはすべて500円。女性にちょうどよいボリュームで、プラス150円で2種盛りも可能。ネパール仕込みの本格的なカレーは、辛さが後には引かずスッキリとした味わいが口の中に残る。

さらにうれしいのが、10人前4000円から寸胴鍋を直接自宅に届けてくれるサービス。友だちとの集まりや、ちょっと手抜きをしたい日は、白いごはんを用意して、カレーパーティーで決まり！

Menu

野菜とチキンのカレー	500円
まめカレー	500円
ラッシー	300円
ランチのセット	750円
夜のセット	950円～

八王子市本町　カレー&スパイス料理 INDRA《インドラ》

MAP p.50

- ☎ 042-622-4448
- 住 八王子市本町12-16
- 交 JR中央線八王子駅北口徒歩７分
- 時 12：00～15：30、17：30～21：00
  日祝12：00～21：00
- 休 火・水曜休
- 席 カウンター５席　テーブル23席
- 煙 ランチタイム禁煙
- テイクアウトあり

Menu

ランチB／豆&ベジタブルカレーセット	940円
チキンのサラサラカレー	730円
ひき肉とナスのカレー煮	950円
サカナのスパイスフライ	1360円
ケオビール	530円
グラスワイン（赤）	370円

★辛さ　1の子どももOKから、5の「辛さに本当に自信のある方」まで5段階。さらに15まであり

すでに歴史。懐かしくてほっとするカレー

「昔のまんまの人が、同じ場所で、同じ味を作り続けているのよ」。人とは、そう語る店主・天野順子さん。場所とは、みずき通り。味とは、旅したインドで教わった家庭料理だ。１９７６年の開店以来、甲州街道までスパイシーな香りを漂わせている。

天野さんは、店にいる時間の大半をコンロ前で過ごす。まず、20キロの玉ネギを10時間炒めてミキサーにかけ、ベースをつくる。生の玉ネギをかじって甘さ辛さを確認した上で、各スパイスの量を加減する。ずらりと並ぶ瓶から、パッパッと目分量で調合。「作りながら手が勝手に動いてしまう」と、まるでインドのお母さんの手のようだ。バジルやオレガノなどハーブをどっさり使うから、食べてスッキリ、さわやかさを感じる。

八王子市

カレー&スパイス料理

INDRA インドラ

ランチA「チキン&ベジタブルカレーセット」940円。ナンとライスの両方が味わえる。左から、チキンカレー、野菜カレー、サモサ、サラダ、りんごとヨーグルトのカスタード。「アイスチャイ」470円。

Columns 4 カレーにぴったりスイーツ

ピリッとした後に、ひんやりさわやかなスイーツを食べたくなりませんか？　なるでしょう。なるですとも。この気持ち、実は店主が一番よくわかっているから、カレー専門店にだってちゃんとメニューにあるのです。辛くてヒーヒー泣いていた人もにんまり笑顔になる、カレー専用（？）の、カレーにぴったりスイーツ。そりゃもう、かわいい別腹でどうぞ。

カフェ ラグラスの「ニューヨークチーズケーキ」は、サワークリームとフランス産のクリームチーズのさわやかな酸味、口の中でとろけるようななめらかさが、カレーの後に絶妙。

●カフェ ラグラス（P93～94）
小平市美園町1-24-14
042-344-7199
「ニューヨークチーズケーキ」430円

コクのあるなめらかソフトクリームと、甘いあんこと、つるんと口の中を滑る寒天のハーモニー。ボリュームもたっぷりで、口直しというよりも、しっかり味わいたい和風デザート。抹茶のほろ苦もいい感じ。

●武蔵野茶房　武蔵村山店（P99～100）
武蔵村山市榎1-1-3
042-590-2101
「クリームあんみつ（抹茶付き）」1000円

「自家製キウイフルーツのアイスクリーム」
カレーとセットで100円

果物、生クリーム、砂糖など、シンプルな材料を使って手作り。「辛いものの後はやっぱり甘いものが食べたくなるでしょう」と店主。夏はパイナップルなど季節の果物、時には黒ごまや抹茶味も。

●サイのツノ（P27～28）
小金井市東町4-37-19
042-387-7488

カラフルな白玉とココナッツミルクでつくる
「ブァロイ」525円、
マンゴーソースをかけていただく
「杏仁豆腐」470円、
つぶつぶが楽しい
「果肉入りココナッツジュース」630円。

タイ料理店のデザートは、とってもトロピカル！　きれいな色にうっとりして、しっかり甘さを味わったら、気分爽快。

●エレファントキッチン（P17～18）
三鷹市下連雀3-33-17　グラシアス108
0422-46-2278

ほかに自家製アイスクリームがおすすめのお店
「プーさん」はカレーに、食後のアイスクリーム（orコーヒー）が必ず付いているといううれしい設定。
●プーさん（P23～24）
小金井市前原町3-40-27　042-384-7055

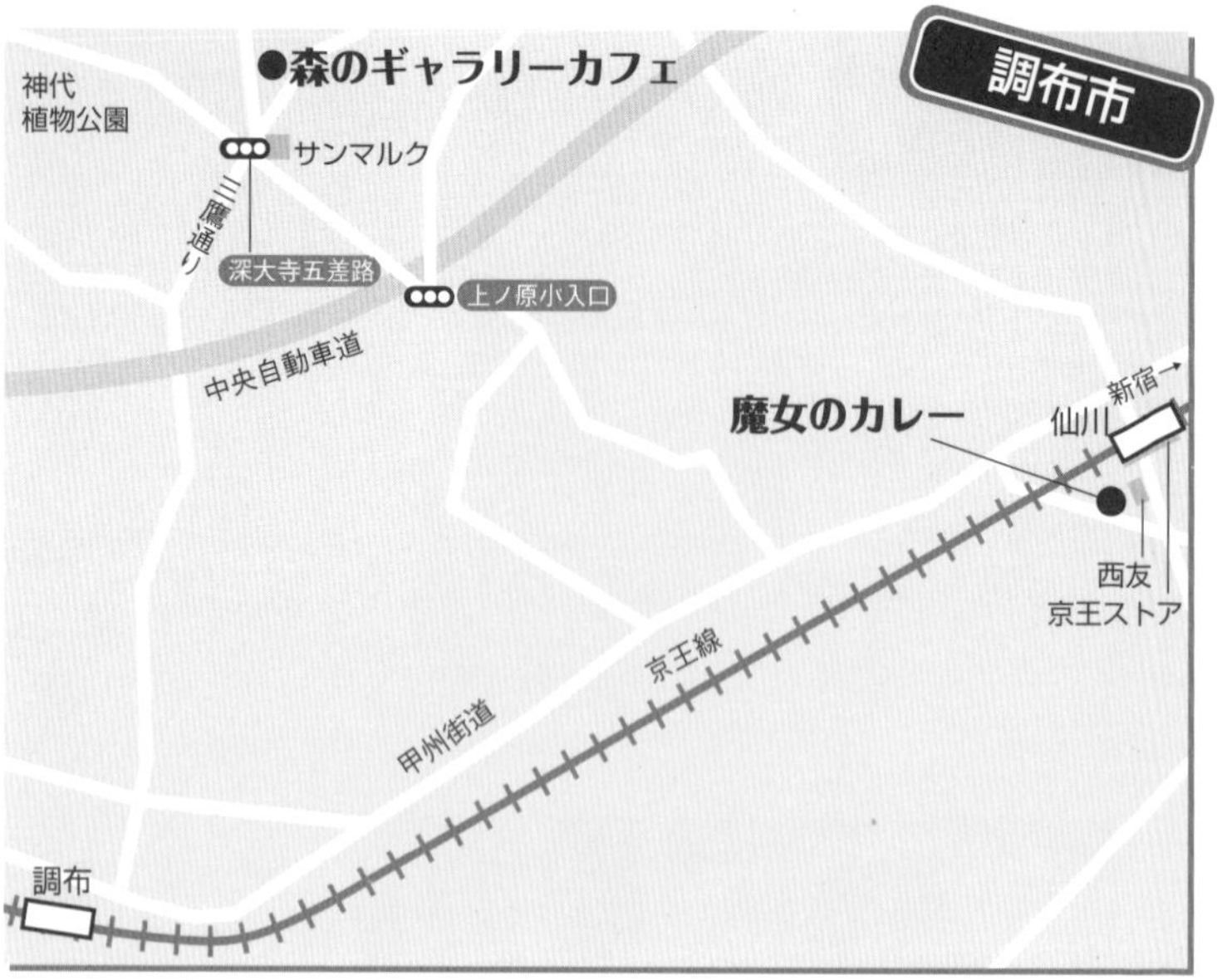
調布市
●森のギャラリーカフェ
神代
植物公園
サンマルク
三鷹通り
深大寺五差路
上ノ原小入口
中央自動車道
魔女のカレー
新宿→
仙川
西友
京王ストア
京王線
甲州街道
調布

新宿
小田急線
和泉多摩川
町田
駅前
セブンイレブン
Ram
狛江市

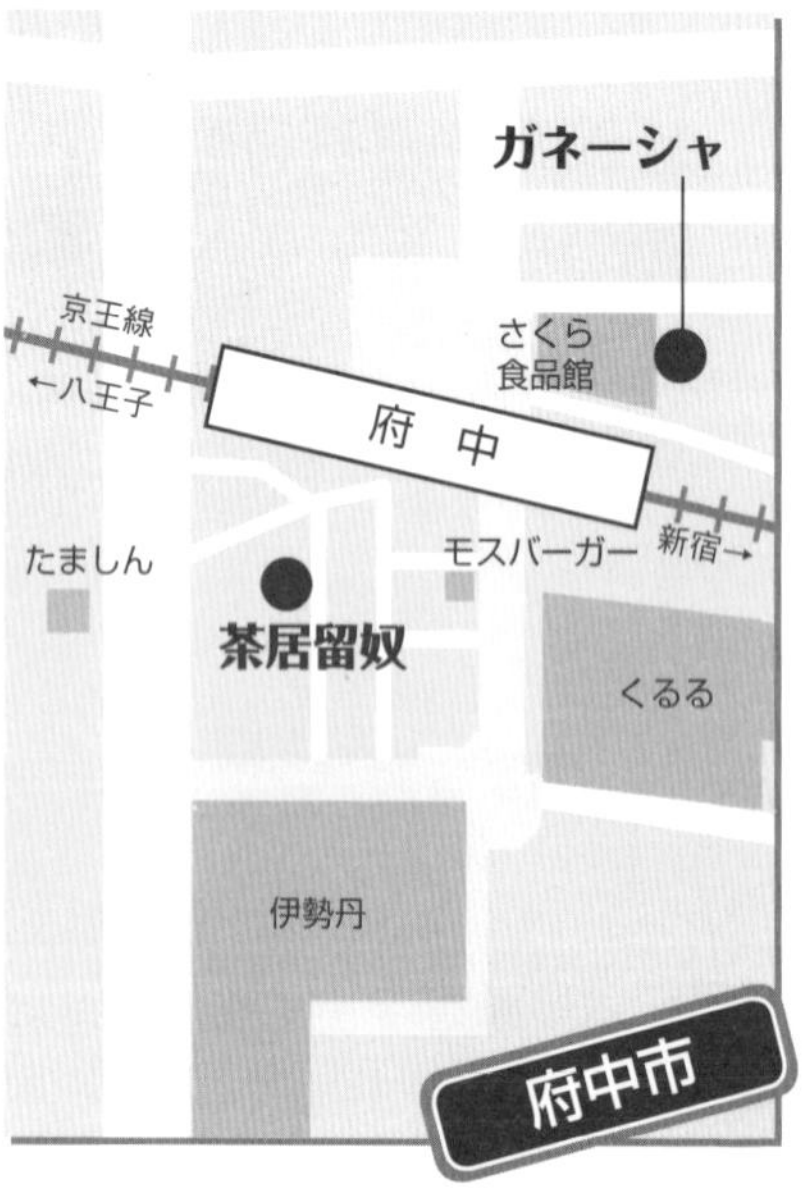
ガネーシャ
京王線
←八王子
さくら
食品館
府　中
新宿→
モスバーガー
たましん
茶居留奴
くるる
伊勢丹
府中市

調布市仙川町

魔女のカレー

MAP p.62

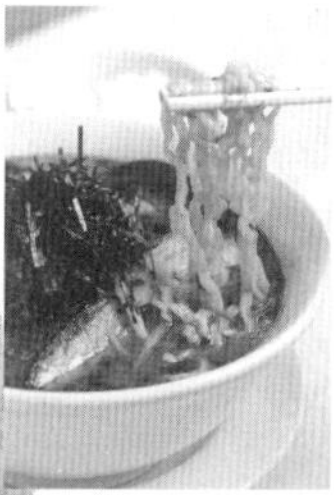

- ☎ 03-3307-6251
- 住 調布市仙川町1-10-20
- 交 京王線仙川駅徒歩２分
- 時 11：30～22：00（売り切れ終了）
- 休 木曜休
- 席 カウンター７席
- 喫煙可
- テイクアウトあり

Menu

月替わり・魔女のスープカレー（1日限定10食）	980円
チキンカレー	690円
炙りチャーシューカレーラーメン・ライス付き	880円
炙り焼き豚トロつけ麺＋ハーフカレーセット	980円
親子カレー	790円
野菜カレー	890円
きのこのカレーイタリア風	990円

★カレーラーメンとスープカレーは
ピリ辛から爆辛まで5段階あり
通常のカレーは＋50円で大辛に

新しくて不思議な味を追求する魔女パワー

淡路島産の玉ネギ40キロが3キロになるまで、4日間かけて炒めること。野菜をたくさん使ってコクを出すこと。それから、店主・居山《いやま》勢《ちから》さんのお母さんが配合する秘密のスパイス！ これらが重要ポイント。

「魔女のカレー」と呼ぶしかないカテゴリーがわからない味と、手加減のないボリューム、ガツンと健在だ。

さらに、新しいメニューが登場。その名も「魔女のスープカレー」。居山さんがスープカレーにハマってしまって、試作してみたら、曰く「意外な組み合わせがイケて発見の連続」。豚骨スープにトマト、バジル、ローリエを使ったりして、居山さん自身が作る楽しみを味わっている。カレーラーメンに続いてブレイクの予感がピリッと漂う。

魔女のカレー

調布市

「揚げ卵とホウレン草のカレー」860円。さっと炒めたほうれん草と、
揚げ卵のっけの人気者。

調布市

森のギャラリーカフェ

プレーンオムレツと素揚げしたナスと挽肉は、ベストパートナー。「キーマナスカリー」1155円。

森のギャラリーカフェ

調布市深大寺東町

MAP p.62

- ☎ 042-490-9157
- 住 調布市深大寺東町5-1-2
- 交 京王線調布駅からバスで「西原」下車
- 🕐 11：30～21：30（20：30 LO）
  土日祝11：30～22：00（21：00 LO）
- 休 不定休
- 席 カウンター7席　テーブル28席
  テラス席10席（テラス席はペット可）
- 禁煙 ～15：00禁煙
- P 駐車場あり
- テイクアウトあり

アジアの家具に囲まれてサラサラカリーを

カフェなのに、オーナー自ら「カレー屋です」と言うほど、カレーが主役。写真の「キーマナスカリー」はここでは変化球のひと皿。基本は、さらっとしたスープカレーで、20種類以上のスパイスをブレンドするスパイシーな中辛タイプ。小麦粉は使わないし、いろんな種類の野菜がどっさり入るから、からだに優しくて、毎日でも食べたくなってしまうカリーなのだ。

一番人気は「今月のおすすめカリー」。定番の「彩り野菜のサラサラカリー」は揚げ野菜、茹で野菜、生野菜、ルーに入っている野菜と合わせて10種類以上も！配色のきれいな盛り付けは、スプーンを入れるのが惜しいほど。

Menu

今月のおすすめカリー	1470円
彩り野菜のサラサラカリー	1155円
“焼”焼シーフードカリー	1420円
グリーンカリー	1155円
チキンカリー	1155円

★辛さ　基本は中辛
リクエストに応じて

府中市府中町

ガネーシャ

MAP p.62

- ☎ 042-369-4022
- 住 府中市府中町1-7-3　芋仙恩田ビル2Ｆ
- 交 京王線府中駅北口徒歩２分
- 11：30～15：00（14：30 LO）
  17：30～22：00（21：00 LO）
- 休 月曜休
- テーブル57席
- ランチタイム禁煙
- テイクアウトあり

Menu

ランチ　880円
（チキン、マトン、野菜から１種、ナン、イエローライス、サラダ、フルーツヨーグルト）
タンドリーチキン（1コ）　735円
チキンマサラ（チキンカレー）　997円
ガネーシャオリジナル　420円
（中国紅茶と緑茶のブレンド）
マサラチャイ　367円

本格窯焼きナンの、ふっくら感の虜！

ヒンズー教の神、「ガネーシャ」。知恵と学問を司る、人気の神様を店名に。その名のとおり、府中の人気店だ。日本人の舌に合わせたというカレーは、辛すぎずスルスルと口に入ってしまう。種類はチキン、マトン、野菜、エビなどから選べる。マトンカレーはクセがなく、マトンの旨みがルーにギュッと凝縮されている。

ナンを含めてパンは9種類もあり、できたてのアツアツがいただける。ふっくらと弾力のある柔らかさと、まわりの香ばしいパリッとした食感がたまらない。

ナンとセットのイエローライスもほどよい固さで、両方の味が楽しめるのが魅力だ。

ガネーシャ

府中市

「カレーディナー」のカレーは、チキン、マトン、野菜から選べて1575円。

府中市

茶居留奴《ちゃいるど》

午後もしっかり働く人のエネルギー源「焼きチーズハンバーグカレー」750円。
ランチタイムはすべてのカレーにサラダが付く。「マハラジャビール」800円。

茶《ちゃ》居《い》留《る》奴《ど》

府中市宮町

MAP p.62

- 042-368-4746
- 住　府中市宮町1-2-6　２F
- 交　京王線府中駅南口徒歩２分
- 11：30～14：30、20：00～2：00
- 休　日曜休
- カウンター６席　テーブル13席
- 喫煙可
- テイクアウトあり

真夜中にも似合うカレーを並木商店街で

府中駅前、昭和のにおいがする路地の雑居ビル２階にある。駅がまだ木造だった頃、この地に暮らしていた福永徳彰さんがマスター。マックもコンビニもなかった大学時代に開店した。

カレーは3種。誰もがOKの辛さに仕上げた「ビーフ」と「キーマ」、この2つよりも辛い「タイ風」。ビーフのバリエーションは、ハンバーグやチーズを使って、どれもボリュームたっぷりだ。ランチタイムは喫茶店として、期待に応えて満足させてくれるカレーが人気。12時15分には満席になるので、時間をずらしての来店がコツだ。夜はバーになり、飲んだ後の仕上げにも。「カレーは焼酎に合う」や「二日酔いにスパイスが効く」など、真夜中のカレー、いい仕事をしている。

Menu

自家製チャーシューカレー	750円
タンドリーチキンカレー	750円
ナスとトマトのカレー	680円
タイ風チキンカレー	700円
夜は＋150円	
学生は大盛りサービス	
ランチのチャイ	150円
焼酎	400円～

★辛さ　リクエストに応じて

狛江市東大和

Indian《インディアン》 food《フード》 home《ホーム》 Ram《ラム》

MAP p.62

03-3488-1888
住　狛江市東和泉3-7-27
サニーマンション102
交　小田急線和泉多摩川駅西口徒歩２分
11：30～15：00（14：30 LO）
17：00～22：30（22：00 LO）
土日祝11：30～22：30（22：00 LO）
休　火曜休
テーブル32席
禁煙席あり
駐車場あり
テイクアウトあり

Menu

ランチ（月～金、祝日を除く）
日替わりカレー　829円～
（カレー１種、ナンとライス食べ放題、ミニサラダ）
終日
２種カレーセット　1260円
（カレー２種、ナン、ライス、サラダ）
ビールセット　1050円
（ビール、タンドリーチキン１コ、シークカバブ１本、サラダ）

★辛さ　調節は可能

居心地のよい空間で家族連れにも人気

ネパール人オーナーとインド人ベテランシェフが作り上げるカレーは、やや辛めのデリー風。小麦粉を一切用いず、野菜をじっくり煮込んで生み出された自然のとろみが特徴で、ナンをカレーに入れると吸いつくよう。

やや辛めのトマトベースのカレーから、マイルドな生クリーム、ココナッツ、カシューナッツベースのシーフードカレーまで、ベースとスパイスを様々に組み合わせて絶妙な味を作り出している。

店内は家族連れを意識して個室風空間を設けたり、背もたれにクッションを置いたりと清潔で居心地がよい。世界でじわりと存在感を増してきたインド産ワインや日本の焼酎など、アルコールが充実しているのもうれしい。

Indian food home
Ram ラム

「サヒマトンカレー」1134円。＋997円でナン、サラダ、タンドリーチキンとシークカバブが付く。カレーにはマトンがぎっしりと詰まっている。

Columns 5 マサラドサレシピ

インドは広い！　南と北では気候風土が異なり、南インドでは米が主食ですが、北インドはチャパティやナンのように、小麦粉が主食です。日本のまちで出合うインド料理店の多くは北インドの料理です。

竹林Cafe（P123～124）で、南インドの日常食「ドサ」を見つけました。

「マサラドサ」ってこんな風に作ります。

ひと晩水に浸した米と豆を挽き、ペースト状にした生地をクレープ状に焼く「ドサ」。満月のように丸く、パリッと薄く焼き上げます。ジャガイモのスパイス炒め「マサラ」を包んでいるから、「マサラドサ」。

材料
信州産のもちっとした米、白いウーラッドダル、
黄色いチャナダル。
割合は、7：2：1。

専用の鉄板がなくても、フライパンで作ることもできます。

① 生地を鉄板に流して丸く薄くのばします。

② 裏面が焼けたらひっくり返します。

③ 焼けたドサの上に、マサラをのせて包みます。

④ はい、できあがり。できたての熱々を食べるのがおいしい。

マサラ
京王百貨店
←京王八王子
ザ・スクエア
京王線
↑新宿
川崎街道
聖蹟桜ヶ丘
聖蹟桜ヶ丘駅前
さくらや
稲城市
多摩モノレール
ゆらが
多摩第三小西
京王多摩センター
新宿→
←橋本
京王相模原線
小田急多摩センター
←唐木田
小田急多摩線
多摩センター
メズバーン
セブンイレブン
ダァバラギリ
下平尾
ガスト
サンマルク
多摩南野
新宿→
鎌倉街道
新百合ヶ丘
多摩市
芝浦街道
小田急線
鶴川街道
町田街道
玉川学園前
スーパー三和
天空の舞い
町田市
JR横浜線
←八王子
町田東急ツインズ
ジョルナ
町田
アサノ
16号線
町田
ルミネ
ミーナ町田
小田原↓

稲城市平尾

本場インド料理 メズバーン

MAP p.74

042-331-7580
稲城市平尾2-8-7
小田急線新百合ヶ丘駅北口徒歩20分
11：30〜14：30、17：00〜22：00
無休
テーブル20席　小上がり12席
喫煙可
駐車場あり
テイクアウトあり

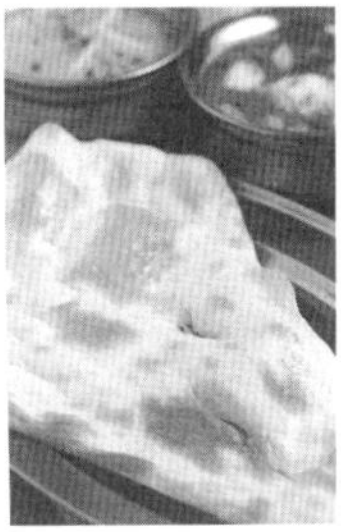

Menu

ランチ
メズバーンランチ　890円
(カレー1種、ナンorサフランライス、サラダ、ドリンク)
タンドリーランチ　1260円
(カレー2種、ナン、サフランライス、タンドリーチキン、サラダ、日替わりデザート、ドリンク)
ディナー
カダイパニエル　1250円
クイーンセット（女性限定）1380円
★辛さ　リクエストに応じて

のんびーりインド時間の中で本場の味

飛行機に乗ってインド旅行には行けないけれど、パスポートなしで気軽に訪ねることができる、まるごとインドのお店。いらっしゃいませ、が片言なのがいい。キッチンで働くインドからやってきたコックのにこやかな笑顔がいい。本場の味に出合える予感と、エキゾチックな雰囲気、非日常にドキドキ。

インドの神様を飾ったタンドールの前には、タンドール専門熟練コックが構えていて、見慣れないナンも焼き上げている。ドライフルーツが入った「カブリナン」、ポテトとインド産チーズが入った「パニエルクルチャ」など、どれもお腹を減らして挑まねばならない。日常の主食、全粒粉を使う「タンドリーローティ」もあり、小麦粉が主食の食文化に触れることができる。

本場インド料理
メズバーン

トマトベースのシーフードカレー「オーシャンミックス」1350円、カシューナッツ風味の「チキンカレー」1100円、「サフランライス」280円、「タンドリーチキン（ハーフ）」800円、「マンゴーラッシー」480円。すべて夜の価格。

多摩市

ネパール・インド・アジアンレストラン
ダァバラギリ

ポパイもびっくり、栄養満点の「ほうれん草とチキンのカレー」690円。「チーズナン」480円で食べるとボリュームも満点。鶏挽肉を使った「キーマカレー」660円。

ネパール・インド・アジアンレストラン
ダァバラギリ

多摩市落合

MAP p.74

- 042-337-6800
- 住　多摩市落合6-15-3　第３椎の木ビル１Ｆ
- 交　京王・小田急線多摩センター駅徒歩20分
- 11：00～14：30、17：00～22：00
- 休　無休
- カウンター７席　テーブル７席
- 喫煙可
- 駐車場あり
- テイクアウトあり

アットホームな味と雰囲気、ご近所で人気

神さまが宿る美しい山、ネパールにある「ダァバラギリ」の麓で生まれ育ったタパラメスさんがシェフ。デリーで料理修業を13年した後に来日した。

夕方、近所の小さな子どものいる家族が来店。大人はビールとタンドリーチキン、子どもはナンに大喜び。なるほど、家族でカレーディナーを、わいわいとリーズナブルに楽しめるお店なのだ。野菜や豆をたくさん使用するカレーが得意で、定番の「ほうれん草とチキンのカレー」は、ほうれん草を茹でてからペーストにするのだが、濃厚な緑がからだに効きそう。夏は「ナスカレー」がおすすめで、タンドリーでさっと焼いて皮を剥ぎ、刻んだ茄子を使う。ナンは、ランチタイムは食べ放題、ディナータイムはおかわり１００円。

Menu

マトンカレー	780円
豆カレー	750円
野菜カレー	660円
ゴマナン	400円
エヴェレストビール	650円
お子さまカレー（チキンカレー、小さいナン、アイスクリーム）	500円

★辛さ　リクエストに応じて

多摩市乞田

Dadの洋食 ゆらが

MAP p.74

- 042-339-2001
- 多摩市乞田839　多摩サンハイツA-101
- 京王・小田急線多摩センター駅徒歩15分
- 11：00～15：00
  17：00～21：00
- 水曜休
- カウンター5席　テーブル12席
- 禁煙
- 駐車場あり

昔なつかしい「日本の洋食」カレー

緑あふれる明るい日差しの中、気取らない昔ながらの洋食を手がけるのはコック歴30数年の平野康広さん。彼が作るのは、ごはんの上に盛られたトロトロカレーだ。西洋航路の客船で腕をふるっていた年配のコックさんから教わり、独自の工夫をこらしたものだが、レシピは戦前から続く横須賀の海軍カレーと同じもの。

玉ネギ、ニンジン、ニンニク、ショウガ、セロリなどの野菜をみじん切りにして1時間以上炒め、小麦粉と伝統的なカレー粉などを加えてさらに1時間半オーブンで煮詰めると、ようやくルーができあがる。じっくりと作られたカレーは、一口目は隠し味のフルーツで甘く感じても、あとで辛さがじわりとやってくる侮れない味だ。

Menu

ランチゆらがカレー （サラダ、スープ、コーヒー or 紅茶）	840円
カツカレー	1000円
ハンバーグカレー	1000円
ビーフシチュー	1350円
コーヒー	320円

多摩市

Dadの洋食
ゆらが

「ゆらがカレー」750円。このカレーにハマり、こればかり頼む常連客もいるという。

多摩市

インド・ネパール料理
マサラ

ランチバイキングは900円。チキンカレーと、大根の漬け物アチャル。カレー4種、ナン＆ライス、グリーンサラダ、アチャル、揚げジャガイモ、ドリンクバーはすべておかわり自由。

インド・ネパール料理 マサラ

多摩市関戸

MAP p.74

- 042-374-1912
- 多摩市関戸1-1-5　ザ・スクエア1Ｆ
- 京王線聖蹟桜ヶ丘駅西口徒歩２分
- 11：30～15：00（LO）
15：00～22：00（21：30 LO）
- 無休
- テーブル50席
- 喫煙可
- 駐車場あり
- テイクアウトあり

サイドメニューも楽しめるマイルドな本場カレー

店内には風の響きを思わせるような、落ち着いたネパール音楽がかかっている。壁には金箔をほどこした、鮮やかなチベット仏教の仏画・タンカが何枚も掲げられ、異国ムード満点。とはいえ、ショッピングセンターの一角にあり広々として清潔感があるため、若いビジネスマンから買い物客まで、気軽に立ち寄る人が多い。

ネパール人シェフが作るカレーは、16種類ものスパイスを調合した比較的マイルドなもの。辛さを好みで調整するのがそもそもネパール風、とのこと。

ランチの副菜に添えられる、ピリ辛大根の漬け物・アチャルは、ここでは煎った豆を粗挽きしたきな粉風のものに各種スパイスをからませたネパール風。ほかに、揚げジャガイモなど取り放題のランチサービスも充実している。

Menu

セットメニュー	1155円～
キッズセット（カレー１種、ライス＆ナン、デザート）	780円
モモ（ネパール風蒸し餃子）	600円
チャイ	350円

町田市原町田　リッチなカレーの店 **アサノ**

MAP p.74

- ☎ 042-729-7258
- 住 町田市原町田4-5-19　町田仲見世飲食街
- 交 JR横浜線町田駅北口徒歩３分
- 時 11：30～20：00（LO）
- 休 水曜休
- 席 カウンター７席
- 煙 禁煙

一流の素材が生み出す「リッチ」なカレー

路地裏にひっそりとたたずむレトロな店構えだが、知る人ぞ知るカレー専門店である。

8時間かけてじっくりと炒めた玉ネギや30種ものスパイス、野菜や果物などで作られたカレーソースに、日本人の味覚に合う一流の食材をおしげもなく投入し、6時間煮込んだスープを加える。秘伝の調味料をミックスさせたソースは、揚げたてのカツとの相性が抜群。カツカレーには「高座豚」を使用するという、手間・ひま・食材すべてが本当に「リッチ」な味だ。

60歳で調理師免許を取得し開業した浅野吉男さんが作り出したカレーは、サラサラのソースで、単純ではない辛さと深いコクを持つ。今では息子さんが2代目を継ぎ、初代とともに変わらぬ味を守り続けている。

Menu

チキンカレー	900円
ポークカレー	900円
エッグカレー	950円
カツカレー	1400円
ビール（中瓶）	450円
ミルク	100円

★辛さ　やや辛め
より辛くすることも可能

町田市

リッチなカレーの店 アサノ

「カツカレー」1400円。揚げたてのカツは、サクッとした食感とジューシーな味わい。

町田市

ネパール家庭創作キッチン
天空の舞い

「ナン＆カリーランチ」1200円。カリー１種、ミニサラダ、ナン。食後に、チャ（スパイスミルクティー）orヒマラヤコーヒーorラッシーが付く。「ネパールアイスビール」500円。

ネパール家庭創作キッチン

天空の舞い

町田市玉川学園

MAP p.74

- ☎ **042-729-6842**
- 住 町田市玉川学園7-1-9　細野ビル2F
- 交 小田急線玉川学園前駅徒歩２分
- 時 11：30〜15：00
  17：30〜22：00（21：30 LO）
- 休 水、祝日休（臨時休業あり）
- 席 カウンター３席　テーブル23席
- 禁煙
- P 駐車場あり
- テイクアウトあり

野菜と豆たっぷり。ネパールの食はナチュラル！

ネパールでは「カリー」はおかずの総称。辛いのも甘いのも、煮込み料理も炒めものもすべて「カリー」で、豆で作るスープ状の「ダル」とともにごはんにかけて食べる。この献立が、店主でネパール民族舞踊研究家の岡本マルラ有子さんが「ぜひ食べてみて」とすすめる「ダルバート・タルカリ」だ。肉を使いじっくり煮込むタイプ、野菜をさっと炒める汁気のないタイプなど、いろいろ味わってみたい。

　スパイスは種類多く使わず、ターメリック、クミン、コリアンダー、辛みのためのネパール産の鷹の爪、カイエンペッパーが主。基本的に辛くなく、素材の味がちゃんと伝わる素朴で親しみやすいカリーだ。食べながらネパールの風景を想って、旅心くすぐられる。

Menu

ダルバート・タルカリセット　1500円

カリー２品を10種（中部山岳地域スタイル）から２つセレクト、ダル（豆100％のスープ状のおかず）、ライス（アチャール添え）

＋300円でドリンクセット

ネパールビール各種　500円

★辛さ　リクエストに応じて

Columns 6 カレー＆アルコール

スパイシーなカレーに合うテイストを意識して醸造しているのではないかと思うくらい、カレーにふさわしいビールたち。

ラベルにヒマラヤがそびえる
ネパールの「ネパールアイス」、
インドNo.1のシェアを誇る
「キングフィッシャー」、
獅子のマークで愛されている
タイの「シンハー」、
どれもスッキリ＆コク！

インド・ネパール料理店のスパイシーなタンドリー料理、タンドリーチキン、チキンカバブ、マライティッカなどは、ビールがなくてははじまらない！　という方も多いでしょう。夜は、居酒屋感覚で飲んで食べてわいわい過ごしてほしい、と言うお店もあります。飲んだ後の仕上げにも、カレーをどうぞ。

ビールだけでなく、「ラヂオキッチン」（P29～30）では、奄美から届くラム酒を、「エレファントキッチン」（P17～18）では、米から作る球磨焼酎やチュニジア産のロゼワインがおすすめ。「まめ蔵」（P9～10）は、「ディナーセット」の飲みものメニューに赤ワインと白ワインもあって、食前酒感覚で楽しめます。メーカーは長野県のサドヤワインです。

何を隠そう、カレーやスパイス料理は、お酒が進む食事なのです。そして、スパイスの中には、消化促進、二日酔い防止の効能を持つものもあって、だからといって浴びるほど飲んでもいいというわけではありませんが、少しくらいは期待していいかも。

西東京市
アスタ
西武新宿線
田無
新宿→
←東村山
RAJ
セブンイレブン

東村山市
MARU
↑所沢
駅西口
東村山
イトー
ヨーカドー
西武新宿線
新宿↓

小平市
青梅街道
←東村山
小平
西友
西武新宿線
花小金井→
あじさい公園
カフェ ラグラス
小平合同庁舎
青梅街道
都小平
合同庁舎
辰砂
西友
いなげや
〒
←小平
花小金井
西武新宿線
新宿→

西東京市

RAJ ラジ

「Bセット」1575円。チキンとほうれん草のカレーから右回りに、野菜カレー、エビカレー、ライス、タンドリープラウン、シークカバブ、タンドリーチキン、パパドサラダ、ナンがセット。ジーラスパイスが入った「ジーラライス」420円。「マンゴージュース」315円。

RAJ《ラジ》

西東京市南町

MAP p.88

- ☎ 042-463-5530
- 住 西東京市南町4-1-15
- 交 西武新宿線田無駅南口徒歩１分
- 時 11：00～2：00
- 休 無休
- 席 テーブル32席
- 喫煙可
- テイクアウトあり

いつでも元気にopenしている頼れる存在

モモ色の壁、流れるインド音楽が、小さな店内を思いっきりエキゾチックにしている。来る人みんなにいつでも好きなものを食べて喜んでほしいからと、ランチタイムから午前2時まで同じメニューで、休みなしの営業だ。ランチタイムはサラダがセットになる。

昼下がりにインド人スタッフの「まかない」を目撃した。ライスに「チキンとほうれん草のカレー」をかけて、その上にプレーンヨーグルトをたっぷり。まろやかな味になっておいしいよ、とのこと。ナンはもっちり少し甘めで歯応えがある。仕上げにサラダオイルとバターを合わせたものを塗るが、ノンオイルにもしてもらえる。夜遅い時間も賑わい、サクッと寄り道してビール&カレーもよし。

Menu

Aセット（8品）	1313円
野菜カレー	609円
ダールマッカニ	945円
チキンチリマサラ	840円
ベジタブルパコラ	420円
ラッシー	262円
マハラジャ	525円

★辛さ　3段階

小平市花小金井　辰砂《しんしゃ》

MAP p.88

- ☎ **042-469-9088**
- 住 小平市花小金井1-6-32
- 交 西武新宿線花小金井駅北口徒歩６分
- 時 11：00～16：00（15：00 LO）
- 休 日・祝日休
- 席 カウンター５席　テーブル19席
- 禁煙
- P 駐車場あり
- テイクアウトあり

さりげなく本格派。ピリッの後はラッシーでほっ

「たまたまご縁があったインド人の方から、インド料理を習っていたんです」と、本格インドカレーを掲げるきっかけを話す店主・河内《こうち》苑子さん。ちょっと風邪気味だとか、お腹の具合が悪いとか、からだの調子に合わせてスパイスの調合を加減するインドの家庭料理に魅せられたという。

ベースは2種類。玉ネギをとことん炒めることに重点を置いたまろやかな鶏ベース（きのこに使用）と、ブラックマスタードを多く使いさわやかで酸味があるエビベース（やさい、まめに使用）がある。ジャズが流れるしっとりとした雰囲気は、ピリッと辛い大人のカレーがよく似合う。息子の彰さんが営む移動販売の「辰砂」は、お台場ネオ屋台村に出店。こちらは、玄米カレーが人気。

Menu

本格インドカレー	きのこ	800円
〃	えび	800円
〃	まめ	800円
カレーうどん		700円
チャイ		420円
自家製ケーキ		360円

★辛さ　お好みで添えられたレッドペッパーを振る

小平市

辰砂《しんしゃ》

「本格インドカレーセット／やさい」1050円。カレー、スープ、サラダ、ラッシー。
カレーの色が映える作家ものの器、食べ終わると中央に描かれている梅紋が見える。

小平市

カフェ ラグラス

油分が少なくすがすがしい味のカレー２種。「なすとひき肉のカレー」1000円と「本格インドカレー」1000円。いずれもサラダ添え。中辛と甘口がある。

カフェ ラグラス

小平市美園町

MAP p.88

- ☎ 042-344-7199
- 住 小平市美園町1-24-14 ヴァンベールマンション1F
- 交 西武新宿線小平駅南口徒歩４分
- 時 10：00～18：00
- 休 無休
- 席 テーブル24席　テラス席15席
- テラスのみ喫煙可　ペット可
- P 駐車場あり
- テイクアウトあり（ルーのみ）

スリムになれる？ さわやかな後味のカレー

自転車&歩行者専用の緑の道沿いにある、さわやかなカフェ。２００種類もの草花が育つ小さな庭。もちろん、ふわふわのラグラスも風に揺れる。

週替わりのランチが食事メニューの柱だが、20種類のスパイスを使った定番のカレーは、終日オーダーできる人気者。おいしさの理由には、ラグラスならではの素材選びがある。「本格インドカレー」の身が引き締まった健康な鶏肉、「なすとひき肉のカレー」に合わせて使う牛肉と三元豚は、すべて生活クラブ生協から。野菜は、「畑からまっしぐら」がキャッチコピーの新鮮さがうれしい地元小平産を、積極的に使用。油分を控えたレシピ、フルーティーな甘さが広がるさわやかな仕上がりはどの世代にも好まれている。

Menu

ナンセット（写真のカレー２種のハーフ&ハーフ）	1100円
ラグラスランチ	1150円
スパイスティー	600円
ニューヨークチーズケーキ	430円

東村山市野口町　Coffee,Curry & Beer **MARU**

MAP p.88

- ☎ **042-395-4430**
- 住 東村山市野口町1-11-3
- 交 西武新宿線東村山駅西口徒歩３分
- 時 11：30～15：00、17：30～23：00
- 休 月曜休
- 席 カウンター６席　テーブル12席
- テイクアウトあり

畑の恵みとコトコト時間に乾杯カレー

まあるいお皿で登場するMARUのカレーの辛さは、辛いもの好きのオーナー・三島悟さんが「ちょい辛」と表現。作るのは妻・元子さんで、玉ネギを最低3時間炒め、甘い香りのクローブをはじめ18種類のスパイスを使う。仕込んで、次の日に煮込み、3日目が食べ頃。時間が味を育てる濃厚完熟カレーだ。

開店に際して、友人である吉祥寺の「まめ蔵」（本書P.9）のオーナーからのアドバイスを、MARU風に進化させて今のテイストに。時折、夜のおすすめメニューに、悟さんが作るかなり辛いインド風のフィッシュカレーも登場。トマト、玉ネギなど、手に入るときは市内産有機野菜を使う。おいしさのレベルが驚くほど跳ね上がるそう。

Menu

チキンカレー	830円
ポークカレー	830円
野菜カレー	830円
いずれもサラダ付き	
大盛りは＋100円	
甘口or辛口は＋50円	
カレーうどん	650円
MARUブレンドコーヒー	350円
モルツ生ビール	580円

★辛さ　3段階

東村山市

Coffee, Curry & Beer
MARU

野菜＋チキン＋ゆで玉子をトッピングした「MARUスペシャルカレー」950円。
サラダ付き。カレーにはやっぱり、らっきょうと福神漬けが似合う。

Columns 7 カレーパンアラカルト

たいていのパン屋さんには定番メニューとして置いてある「カレーパン」。多摩地域で買えるカレーパンをご紹介。たかがカレーパン、されどカレーパン。中にはたくさんの工夫と愛情がギッシリ詰め込んであるのです。

「自家製カレーパン」 160円

辛すぎず子どもでも食べやすいカレーパンが多い中、これはかなり刺激的な大人の味。すべて手作りのカレールーには、ガラムマサラやナツメグなど7種類のスパイスと、隠し味の一味が入っている。食べた瞬間からふわっと口の中に広がる、クセになるおいしさ。

ベーカリーカフェ　ムッシュ イワン
042-538-7233
立川市若葉町1-7-1　若葉ケヤキモール1Ｆ
JR中央線立川駅北口からバスで「砂川九番」下車
10：00～20：00（土日祝9：00～）
無休

「カレーパン」 150円

毎日朝7時から1時間おき（昼は30分おき）にできあがるので、常に揚げたて。「いつでもあたたかいパンを食べてもらいたい」とのご主人の思いやりからだ。地元の客に愛される、地域密着型のパン屋さん。

リオンドール
042-535-4882
立川市柏町3-3-5　ニュー柏ビル1Ｆ
多摩モノレール砂川七番駅徒歩2分
7：00～19：00（祝～17：00）
日曜休

「カレーパン」 155円

外はカリッ、中はもっちりとした食感で、素材にこだわり抜いた逸品。生地は北海道の小麦粉を100％使い、中には牛肉と三元豚、野菜がたっぷり。優しい風味から作り手の愛情が伝わってくる。

ワーカーズ・コレクティブ欅　パンの家
0422-56-0921
武蔵野市緑町1-4-11
JR中央線三鷹駅北口からバスで「武蔵野住宅」下車
10：00～19：00
日・月曜休

「焼きカレーパン」 190円

立川の「ムッシュイワン」の姉妹店。スーパー「SYMPA」の中にある。揚げずに焼いた、ヘルシーなカレーパン。コーン生地とチーズが相まって、カレーがまろやかに変化する。

ウエスト　ポラリス　羽村店
042-579-2867
羽村市栄町2-13-5
JR青梅線小作駅徒歩15分
10：00～20：00
無休

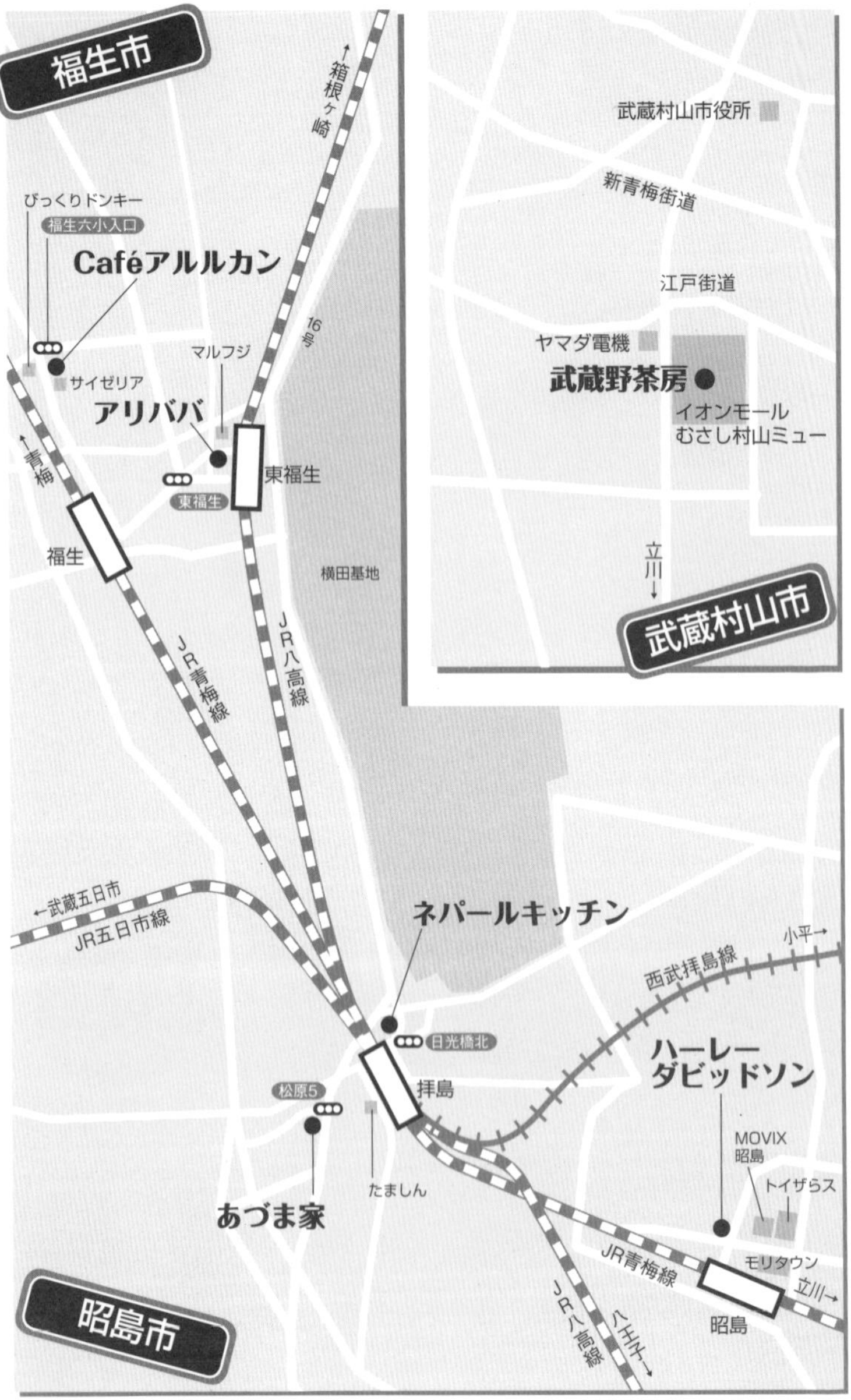
福生市
箱根ケ崎
びっくりドンキー
福生六小入口
Caféアルルカン
サイゼリア
マルフジ
16号
アリババ
青梅
東福生
東福生
福生
横田基地
JR青梅線
JR八高線
武蔵村山市役所
新青梅街道
江戸街道
ヤマダ電機
武蔵野茶房
イオンモール
むさし村山ミュー
立川
武蔵村山市
武蔵五日市
JR五日市線
ネパールキッチン
小平
西武拝島線
日光橋北
ハーレーダビッドソン
松原5
拝島
MOVIX
昭島
トイザらス
たましん
あづま家
JR青梅線
モリタウン
立川
昭島市
JR八高線
八王子
昭島

武蔵村山市榎

武蔵野茶房 武蔵村山店

MAP p.98

☎ 042-590-2101
住 武蔵村山市榎1-1-3 イオンモールむさし村山ミュー１F
交 JR中央線立川駅北口からバスで「イオンモール」下車
時 10：00～23：00
休 不定休
席 テーブル72席
禁煙席あり
P 駐車場あり

大正ロマンの中、お得なセットで満腹カレー

広大な敷地のイオンモールで、カレーに出合える貴重な存在。だから、自家製ケーキやコーヒー以上に、唯一のカレーメニュー「特製ビーフカレー」に一日中人気が集まっている。あちこちにある「武蔵野茶房」だが、カレーがメニューにあるのは、多摩地域ではここ武蔵村山店だけだ。

老若男女、誰からも好まれるテイストで、ほどよくスパイシーで、ほどよく中辛。が、ボリューム感はほどよくより多めで、これがまたうれしい。セットがお得で、飲みものセットのコーヒーも、注文を受けてから1杯ずつ入れるサイフォンだ。個室のように仕切られた落ち着いた店内、つい急いで食べてしまいがちなカレーだけれど、ゆっくりスプーンを運びたい。

Menu

特製ビーフカレーと飲みもののセット
平日15：00まで　1030円
15：00～、土日祝　1180円
サラダ＋100円
ソフトクリームorシフォンケーキ　＋200円
自家製ケーキ　500円～

武蔵野茶房 武蔵村山店

「特製ビーフカレー」1030円。中辛の欧風カレー。仕上げの生クリームがまろやかさをプラス。ターメリックライス、大盛りのようだが、これが普通。

昭島市

石臼挽二八そば
あづま家

「カレー南ばん」850円、「カツカレー」1100円。

石臼挽二八そば　あづま家

昭島市松原町

MAP p.98

042-541-1073
昭島市松原町5-18-5
JR青梅線拝島駅南口徒歩５分
11：00～15：00、17：00～21：00
日祝11：00～16：00、17：00～21：00
水曜休
カウンター２席　テーブル18席
座敷16席
禁煙席あり
駐車場あり

隠れた定番メニューの奥深さにハマる！

昭和42年から続く、老舗のそば店。自家製粉石臼挽き二八そばの挽きたて、打ちたてがいただける。

カレー丼などいくつかのカレーメニューがお品書きに並ぶが、「カレー南ばん」がいち押しだ。スープを仕込む際に、そばのダシを3割ほど加える。辛すぎず、とろみのあるスープは飲み干せてしまうほどまろやか。カツカレーも定番の人気メニューで、濃厚なルーが分厚いトンカツに染みこんで、ガッツリいきたいときには最適。

常連客が多く、国道16号線沿いの立地から埼玉や横浜から足を運ぶ人も多い。

「今日はあづま家に寄ろう！」と心に決めてのれんをくぐる人が多いそうだ。

Menu

さしみせいろ	1400円
天せいろ	1300円
芝エビのかきあげそば	1200円
山かけそば	850円
そばがき	800円
あんみつ	400円

昭島市田中町

ハーレーダビッドソン 昭和の森

MAP p.98

- ☎ 042-544-8081
- 住 昭島市田中町584-14
- 交 JR青梅線昭島駅北口徒歩２分
- 時 11：00～20：00（17：00 LO）
- 休 水曜休
- 席 テーブル12席　テラス26席
- 煙 テラス席のみ喫煙可
- P 駐車場あり

木漏れ日の中、ゆったりと時間を過ごす

モリタウンや映画館、よしもとゲームアミュージアムなど、アミューズメントスポットが立ち並ぶ昭島駅のすぐ近くに、ハーレーダビッドソンのメガディーラーがある。国内最大級の品揃えでハーレーファンには有名なお店だが、オープンテラスつきのカフェテリアが併設されているのは、実はあまり知られていない。

カフェメニューは近くのホテル、フォレスト・イン昭和館がバックアップしているので、味は本格的だ。「FAT BOY」などのハーレーの車種名が入ったメニューがある遊び心も。

テラスではペットもOK。愛犬と一緒に休日の昼下がり、のんびりカフェ時間を満喫できる。

Menu

FAT BOY チキンカレー	700円
ブラックビーフカレー	700円
餃子Dog	350円
FAT BOY ビーフシチュー	800円
スパゲッティボロネーズ	650円
チキンのクリームスパゲッティ	650円

ハーレーダビッドソン 昭和の森

「サラダ仕立てのキーマカレー」は、オリーブオイルを使用した本格的な味が500円！　優しい甘みの中にほんのりピリッとくる辛さは、レタスやトマトのサッパリ感とのバランスがいい。「アイスコーヒー」M300円。

ネパールキッチン

「マトンカレー」1200円、「野菜カレー」1100円、ナン320円、「モモ（マトン入り蒸し餃子）」630円、「タンドリーチキン」（5コ）1260円、「サモサ」（2コ）520円、「ククリラム酒」600円（グラス）、ネパールビール650円、ドイツワイン3600円（ボトル）。

ネパールキッチン

福生市熊川

MAP p.98

- ☎ 042-551-8300
- 住 福生市熊川1492-12　仲村ビル１Ｆ
- 交 JR青梅線拝島駅北口徒歩３分
- 時 11：30～15：00、17：00～23：00
- 休 無休
- 席 テーブル28席
- 煙 喫煙可
- P 駐車場あり
- テイクアウトあり

扉を開くと、ネパールの世界が広がる

「ナマステ！」と笑顔で迎えてくれる、ネパール人が切り盛りするお店。

店内の壁にネパール産シルバーのアクセサリーが飾られ、手づくりチャイセットやチベットの岩塩も販売している。

料理は本格的で、ネパール出身のシェフが笑顔でナンを伸ばす姿を眺めるだけで、楽しくなってしまう。

蒸し餃子「モモ」や、ポテトとグリンピースの包み揚げ「サモサ」といったサイドメニューも豊富。サモサはネパール人が好むメニューのひとつで、朝食やおやつなど日常的に食卓に並ぶそう。ネパールに行ってみたい人は、おいしいカレーを食べながらここでネパール語の勉強をするのもいいかも!?

Menu

Aセット
平日680円　土日1000円
好きなカレー、サラダ、ナンor ライス（＋110円でチャイor コーヒーが付く）

エビカレー	1300円
シュクティー（1皿）	840円

★辛さ　甘口・マイルド・中辛・辛口・激辛

福生市武蔵野台　欧風カレー専門店 アリババ

MAP p.98

042-551-9626
住 福生市武蔵野台1-3-9
筒井東福生マンション102
交 JR八高線東福生駅徒歩1分
11：00～14：30 LO（土日祝15：00 LO）
17：30～21：40 LO
休 木曜休
テーブル15席
喫煙可
P 駐車場あり
テイクアウトあり

ていねいに仕込んだルーをベースに作る

2000年に福生駅近くにあった店から移転、独立した。店名も味も受け継いで、ていねいに欧風カレーを作り続けている。

店主の小山浩さんは大量の玉ネギを刻んで半日かけて炒めることから、ルーの仕込みをはじめる。これに何種類ものスパイスを加え、1日寝かせる。これがコツ。たんねんに手作りされたカレーは、マイルドで香り高く、奥行きのある味だ。

カレーメニューは約30種類。スパゲティやステーキランチなどもあるのは、グループ客の中に必ずといっていいほど、「昨日はカレーだった」という人がいることから。

洋食のコックとして出発した経験を生かし、どんなお客さんにも満足してもらえるよう腕をふるっている。

Menu

チキンカレー	880円
野菜カレー	880円
アリババステーキセット	1050円
和風きのこスパゲティ	800円
かぼちゃのプリン	400円

★辛さ「中、大、超、激、猛、烈、絶、忍、耐、極」の10段階から選べる。1段階ごとに＋10円

福生市

欧風カレー専門店
アリババ

アリババ自慢のオリジナルカレー「チーズオムレツカレー」。香り豊かなカレーとチーズオムレツが合わさって絶妙の味。980円。

福生市

Café アルルカン

「キーマカレー」1000円など、豊富なメニューが揃う。

Café アルルカン

福生市加美平

MAP p.98

- ☎ 042-553-4711
- 住 福生市加美平1-14-4
- 交 JR青梅線福生駅東口徒歩10分
- 時 11：30～22：00
- 休 月曜休
- 席 カウンター2席　テーブル16席
- 喫 喫煙可
- P 駐車場あり
- テイクアウトあり

福生ならではの、エスニックカフェ

店内のあちこちに飾られた花、アンティーク調のランプ、背の高いイス、猫のイラストや置物。テーブルから石畳の床まで、店主ご夫妻が自ら作り上げた空間は、少しの隙もない。

オススメのメニューは、挽肉がたっぷり入った、シンプルなキーマカレー。ふっくら炊かれたごはんとの相性もよく、辛さ控えめで食べやすい。ランチはスープ、サラダ、コーヒーか紅茶が付いて９５０円。

自家製のスイーツも、見逃せない逸品揃い。チーズケーキはレアチーズタイプで、ふわっとしたスポンジと、酸味のきいたレアチーズはしつこくなく、さわやかな風味。

普段使いのお気に入りリストに加えたい一店だ。

Menu

ピラミッドパワーチキンカレー マリネ付き	1150円
メキシカンパスタ	1000円
ドライカレー＆ソーセージ	900円
マンゴーラッシー	550円
チーズケーキ（ケーキセット　700円）	400円
シナモンケーキ（ケーキセット　750円）	450円

Columns 8 カレー&ドリンク

カレーの隣にある飲みものといえば、水。辛さを和らげるためについ口にしてしまいがちですが、水を飲むとさらに辛さを感じてしまうともいいます。辛いからとガボガボ飲むのは控えた方がいいかもしれません。水はほどほどに、スパイシーなカレーと相性のいいドリンクをオーダーしましょう。

ラッシー

インド、ネパール料理店には、必ずオリジナルのラッシーがあり、「うちのラッシーが一番おいしい」とどのお店でも自慢のメニュー。さらっとしたタイプ、どろっとしたタイプ、とても甘いもの、甘さ控え目なもの、まさに十店十色で、これがまた、それぞれにおいしいのです。

「カレーがひりっとしたときにふわふわしたラッシーの泡が、口に気持ちいいんですよ」と、「辰砂」(P91～92)の店主。ミキサーに入れてかくはんする際に氷を入れて、まるでシェイクのように仕上げています。

作ってみませんか？
分量は、ヨーグルトと牛乳のハーフ&ハーフ(好みで割合を変えてみても)。砂糖やはちみつなど甘みを入れ(入れなくても)、あればバニラエッセンスを少々。ミキサーでかくはんするとなめらかに仕上がりますが、コップに入れてよく混ぜるだけでもOK。氷を入れると溶けた水分も混ざってちょうどいい感じになります。

「天空の舞い」(P85～86)の「チャ」400円。自宅で簡単につくれる「茶葉セット」も販売。

チャイに使う主なスパイス

カルダモン
クローブ
シナモン
ジンジャー

チャイ

スパイス入りの煮出しミルクティーを、インドでは「チャイ」、ネパールでは「チャ」。スパイスが入るので「マサラティー」と呼ぶことも。ルーツは中国雲南省で、語源は「チャ(茶)」。店ごとに水とミルクの割合やスパイスの種類が違い、最初から砂糖が入って甘いチャイ、砂糖は入れずミルクの自然な甘さだけのチャイがあります。アイスチャイは、ホットよりも少し濃く煮出して、氷を入れたグラスに一気に注いで冷却するとおいしくできます。ランチタイムのセットドリンクにしている店も多く、カレーを食べながら飲むと辛さが和らぐし、食後ならスパイシーな余韻を心地よく広げてくれる、胃にも優しい飲みものです。

瑞穂町
JR八高線
箱根ケ崎
瑞穂町役場
←八王子
青梅街道
新青梅街道
瑞穂殿ケ谷
ミナール
ドンキホーテ
ジョイフル
本田

羽村市
富士見小西
かわうち家
市役所通り
←青梅
羽村駅東口
たましん
羽村
アジ庵ガンジー
西友
JR青梅線
神明台1
立川→
よむよむ

あきる野市
JR五日市線
立川→
武蔵五日市
五日市出張所
竹林Café
老人ホーム

青梅市
青梅
夏への扉
JR青梅線
マルフジ
旧青梅街道
東青梅
立川→
根岸屋
住江町
青梅総合高
青梅街道

インドバングラレストラン

アジ庵ガンジー

鶏肉とほうれん草の「チキンシャグ」1050円、まったく辛くない「バターチキン」1200円、まろやかな「シーフード」1080円、「タンドリーチキン」(2ピース) 600円、丸く焼いてカットした「チーズナン」450円、「プレーンナン」330円、「ほうれん草ナン」420円。

インドバングラレストラン

アジ庵ガンジー

羽村市五ノ神

MAP p.112

- 電話：042-579-2485
- 住所：羽村市五ノ神1-12-11
- 交通：JR青梅線羽村駅東口徒歩３分
- 営業時間：11：00～15：00、17：00～22：00
- 休み：無休
- 席：テーブル20席　座敷10席
- 喫煙：喫煙可
- 駐車場：駐車場あり
- テイクアウト：テイクアウトあり

タンドールコックの華麗なるナンづくりは必見！

羽村の市役所通り沿い、角地の黄色いお店。本場のカレーを想像できる外観といい、店名の語呂といい、食べる前からやられた！　が、店内は拍子抜けするくらい素朴な食堂風。座敷もあって、赤ちゃん連れも歓迎のアットホームな優しいムードにまた、やられた！

タンドールは、焼いているところを眺めてもらおうと、3面ガラス張りで設置することにこだわった。多摩地域ベスト3には入るだろう大きいナンはもはや、名物になっている。ご近所はもちろん、都内からも口の肥えた人たちが通う事実に心底頷けるおいしさは、バングラディッシュ出身の、オーナー・モハメドバブルさんの食べることを大切にする想いがベースにある。

Menu

ランチ（平日のみ）	
TODAY'S CURRY	840円
スペシャルセット	1250円
タンドリーチキン（4ピース）	1200円
ガンジーサラダ	580円
マサラチャイ	320円

★辛さ　甘口、通常、小辛、中辛、大辛、激辛の6段階

羽村市五ノ神

かわうち家

MAP p.112

- ☎ 042-555-4262
- 住 羽村市五ノ神4-6-9 東洋第5ビル１Ｆ
- 交 JR青梅線羽村駅東口徒歩５分
- 時 11：00～麺切れ終了
- 休 無休
- 席 カウンター 12席
- 煙 喫煙可

手間ひまかけた、丁寧な仕事が伝わる味

一見普通のラーメン店の、普通のカレーラーメン。しかしひと口味わってみると、ピリッと舌に響く印象的な刺激が口いっぱいに広がる。スープカレー風の、スパイシーなラーメンだ。実はこの「カレーらー麺」、季節限定で提供していたところ、常連客からのリクエストが多かったため定番メニューに加えたそう。

すべてのラーメンは麺から手作り。蒸しの工程を入れない生麺は、モチモチっとほどよい弾力で１杯２００グラムとたっぷりだ。麺とクミン、コリアンダーなど数種類のスパイスをブレンドしたスープとの相性も抜群。

原料の高騰で価格を上げるお店も多い中、「お客さんに喜んでもらいたいから」という一心で、低価格を維持している。

Menu

カレーつけそば	700円
豚そば	500円
塩らーめん	500円
つけそば (醤油・塩・豚・みそ・辛みそ)	600円

羽村市

かわうち家

「カレーらー麺ライス付き」700円（単品650円）。麺を食べ終わったら、ごはんを投入。スープカレーで2度おいしい！

青梅市

夏への扉

「野菜カレー」（サラダ付き）とコーヒーのセット、1100円。季節の有機野菜をたっぷりと使って。ガタゴト走る青梅線を見下ろせる窓際の席にて。

夏への扉

青梅市住江町

MAP p.112

0428-24-4721
住　青梅市住江町16
交　JR青梅線青梅駅北口徒歩4分
10：00～18：00
休　火曜休
カウンター2席　テーブル14席
喫煙可

発見！　スパイスカレー&玄米ごはんの名コンビ

「素材に助けられていると思うんです」。開店以来20年間親しまれているおいしいカレーの理由をたどると、行き着くのは素材、つまり有機野菜の力だろうと、店主・山田勝一さんは感じている。できあがりを左右する味の決め手は、玉ネギ。寸胴の鍋で1度に10キロ、2日かけて、ぐつぐつと煮込む。スパイスは粒のまま仕入れ、ミルで挽き、その日の玉ネギの味や野菜の種類に合わせてブレンド。最初は作る度に味が違ったという。「我流」で完成したスパイスカレーだ。

白米ではなく、無農薬天日干しの玄米ごはんでいただくのも、このお店ならでは。圧力鍋で炊き上げるプチプチの玄米の噛むほどに広がる甘さが、パンチあるカレーを引き立てて、口の中で、さらにもっとおいしくなる。

Menu

野菜カレー（サラダ付き）	800円
チキンカレー（サラダ付き）	900円
チャイ	500円
ラッシー	500円

★辛さ　リクエストに応じて

青梅市勝沼

うどん酒房 根岸屋

MAP p.112

- 0428-22-3083
- 住　青梅市勝沼1-40-4
- 交　JR青梅線東青梅駅徒歩２分
- 11：00～15：00、17：30～20：00
- 休　日曜休
- テーブル26席　座敷27席
- 喫煙可
- 駐車場あり
- テイクアウトあり

うわさ以上の表面張力！　とろとろカレーうどん

白い壁が目を引く古民家風。一見高級？　と思うが、正真正銘庶民派のカレーうどんが自慢のお店。遠方からうわさを聞いてわざわざ来店する人も多い。つけ麺ラーメンのような「もりカレーうどん」、麺とご飯の両方が入る「カレー丼うどん」、そして、とろとろのルーが驚くほど表面張力な「カレーうどん」が揃い、どれにするか迷わずにはいられない。

　製麺所として開業して50年。奥に麺打ち場があり、もちもちっとしたコシを出すため、2段階で寝かせている。多くは打てず、1日150食のみ。ルーのベースは最高級のかつお節を使うダシで、玉ネギと豚肉のシンプルな具、片栗粉を使わないからなめらかさが、コシのある麺と最高のコンビネーション！

Menu

カレーうどん	並680円　大750円
もりカレーうどん	並680円　大750円
カレー丼うどん	並780円　大850円
澤乃井（1合）	450円

うどん酒房 根岸屋

冷たい麺を熱々のカレールーにつけながら食べる「もりカレーうどん」も味わえる「根岸屋御膳」1200円。せいろ1枚、カレー汁、もり汁、炊き込みご飯、小鉢、味噌田楽、おしんこ。せいろ2枚なら1400円に。

インド料理

ミナール

ミナール自慢をひと通り味わえる「レディースセット」2000円。(手前から右に) マライティッカ、チキンカバブ、サラダ、バターチキンカレー、パラクパニールカレー、真ん中にサフランライス。焼き立てのナン。さらに、パパド、スープ、デザート、飲みものが付く。

インド料理 ミナール

瑞穂町石畑

MAP p.112

- ☎ 042-556-6505
- 住 西多摩郡瑞穂町石畑248-1 グレースNAKANO 1F
- 交 JR八高線箱根ヶ崎駅徒歩20分
- 時 11：00～15：00、17：00～23：00 日祝11：00～23：00
- 休 無休
- 席 テーブル45席　座敷20席
- 喫煙可
- P 駐車場あり
- テイクアウトあり

からだに効く＋心が弾ける、インドごはん

サフラン色の大きな看板が目印。店内は広々ゆったりしていて、ベビーカーもOKだ。インドの映画音楽が流れ、鼻歌まじりでにこやかに働くインド人スタッフは、とてもフレンドリー。シェフの出身地・北インド地方の、濃厚なカレーをナンにつけながら食べるスタイルで、ヨーグルトやチーズなど乳製品を好んで使うから、スパイシー！と感じたすぐ後に、甘さ、まろやかさがじわっと広がる。最初から甘いカレーも多く、辛いのが苦手でも、小さな子どもでも選べるメニューが多い。

厨房をのぞかせてもらって驚いた。とにかく広いのだ。どかんと大きなタンドール窯もあり、もちろん炭火。香ばしく焼き上がるバーベキュー料理には、やっぱりビールでしょ。

Menu

ランチバイキング 平日1000円　土日祝1200円	
スペシャルセット（パパド、スープ、サラダ、タンドリーチキン、カレー2種、ナン、ライス、ドリンク）	1800円
お子様セット	550円
クルフィ（インド風自家製アイスクリーム）	450円

あきる野市留原

真木テキスタイルスタジオ・竹林Shop
竹林Café

MAP p.112

- 042-595-1534
- あきる野市留原704
- JR五日市線武蔵五日市駅徒歩12分
- 11：00～18：00（ランチ12：00～15：00）
- 月・火曜休
  ＊8月と2月はインド研修のため休業
- カウンター3席　テーブル14席
  （天気によってテラス席あり）
- 禁煙（庭は喫煙可）
- 駐車場あり

からだの中から自然を感じるインド菜食ランチ

築200年の養蚕農家の広い庭にひっそりとある、のびやかなカフェ。「真木テキスタイルスタジオ」の布作品に出合えるショップとつながっている。工房がデリー郊外にある縁で、料理修業経験のあるスタジオスタッフ・ラケッシュさんが、ヒマラヤ山麓のおばあさんの味を思い出しながら、インド菜食家庭料理を伝えてくれる。

夏はウリ、冬はほうれん草をたっぷり、気候でスパイスを選ぶ、インド料理はからだ想いの薬膳。自家菜園で育つ野菜、春は筍、秋は椎茸の近くで顔出す自然の恵みや、栄養満点の豆が主役。晴れた土・日はテラスにタンドールを出して、南部地粉を使うナンを焼く。全粒粉を使うチャパティ、季節のカレーとともに、それはまるで、深呼吸のようなランチ。

Menu

本日のターリ（定食）
水　インドのカレーとごはん　1000円
木金　ドサとスープカレーとサラダ　1300円
土日　炭火焼ナン、チャパティ（フライパンで焼く円型の薄いパン）、カレーセット、サラダ　1300円
チャイとおかし　400円

★辛さ　チャツネ（スパイスや香味野菜で作る薬味）などで調節

あきる野市

真木テキスタイルスタジオ・竹林 Shop

竹林 Café

「本日のターリ（定食）」1300円。今日は、南インド料理のマサラドサ。スパイスがきいたマサラ（ジャガイモ）を、お米と豆をペーストにして生地を焼いたドサ（クレープ）で包んだもの。スープカレーのサンバル、サラダ、豆が素材のドーナツのようなワダ。4種類の自家製チャトニ（薬味）を好みでつけて。

Columns 9 レトルトカレー

突然食べたい。手軽に食べたい。そんなカレー気分のときは、
白いごはんとレトルトカレーをあっためてできあがり！
多摩ゆかりの変わりダネカレーを、どうぞ召し上がれ。

「奥多摩　山の恵みカレー」 400円

緑豊かな奥多摩で作られたカレーは、鹿肉とわさびの茎が入った珍しいもの。たっぷり入った鹿肉は存在感があり、食べごたえ十分。ハイキングなどの帰りに立ち寄って、おみやげにもオススメ。

奥多摩観光案内所
西多摩郡奥多摩町氷川210
0428-83-2152

「東京X豚　ポークカレー」 315円

3種の豚を掛け合わせ、1997年に生み出された新品種の豚肉、東京X。霜降りの柔らかな食感とコクのある味わいが、カレーにうってつけ。たくさんのスパイスと東京Xが惜しげもなく入った、濃厚な欧風カレーだ。

二幸　お客様相談室
0120-25-4547

八王子 「ぷりんせすカレー」
380円（変更の場合あり）

八王子の農家の主婦たちが、「自分たちの育てた野菜をたくさん食べてほしい」という想いから作ったレトルトカレー。07年12月に発売し、1ヵ月半で完売。その改良品が08年8月から「道の駅八王子滝山」などで販売される。

八王子ぷりんせすマーケット
042-675-8866

五十音順 INDEX　カッコ内は最寄り駅

多摩カレー！

いつでも食べたい至福の50皿

2008年8月11日　第1刷発行

編者　株式会社けやき出版
編集協力　多摩らいふ倶楽部
撮影　戸田英範　宇井真紀子
取材　松井一恵　八田尚子
茂田井円
デザイン・DTP　有限会社ソーイトン
発行者　清水　定
発行所　株式会社けやき出版
〒190-0023
東京都立川市柴崎町3-9-6
高野ビル
TEL 042-525-9909
FAX 042-524-7736
http://www.keyaki-s.co.jp
印刷　株式会社メイテック

ISBN978-4-87751-369-6　C0076